原六郎

渋沢栄一と並び立つ実業家

織戸 新

原 六郎　　日本土地山林(株) 提供

原六郎の生家「佐中の千年家」（兵庫県朝来市佐嚢 1283）＊

佐中集落。千年家の横を佐中川が流れる＊

＊印は、朝来市「郷土の歴史・文化に親しむ会」伊藤孝さん提供

原が北垣国道らと学んだ私塾「青谿書院」*

四半世紀を過ごした御殿山
に残る庭園。
原の胸像（写真奥）が庭園を
見守っている
（東京都品川区北品川）

原が眠る墓（左）、その横に像が据えられている（東京都府中市、多磨霊園）

原家所蔵の美術品などを収める原美術館 ARC（群馬県渋川市）

原六郎

渋沢栄一と並び立つ実業家

プロローグ

瀬戸内から日本海まで兵庫県は南北に県土が貫く。その県土を巾着袋《きんちゃく》に例えると、口をきゅっと絞った部分が但馬の南部、朝来《あさご》と養父《やぶ》の両市に当たる。兵庫はかつて摂津、丹波、但馬、播磨、淡路の五つの国に分かれ、それぞれ個性が違う。地元の神戸新聞が何年か前に「新五国風土記」の特集連載記事で但馬について面白い表現をしていた。

「ミヤビな国」。「海山美」の漢字をミヤビと読ませ、「雅」の響きとひっかけている。昔から但馬は京の都と因幡（鳥取）、周防（山口）など山陰の国々を最短で結ぶ通り道だった。朝来市は京都と接しており、都の雅な「風」が通り抜ける。幕末になると、さまざまな人物が南但馬を往来し、時代を動かそうとする事変が起き、明治維新を刺激した。

姫路市と朝来市和田山町を南北に結ぶ播但連絡道路を、銀山で知られた生野の峠を北に越え、次のインターチェンジで下りると朝来市（旧朝来町）に入る。連絡道と並行して走るＪＲ播但線は新井《にい》駅がある。ＪＲ線をさらに北上すると雲海に浮かぶ竹田城があり、観光客でにぎわう。

朝来インターと新井駅の間を東西に走る国道429号を西へ3キロほど。円山川に注ぎ込む神子畑《みこはた》川と佐中川の合流点で国道から北方向へ分かれ、佐中川に沿って緩やかな坂道をさらに3キロほど上っていく。いまも夏にはホタルが舞う渓流を右手に、両側の山林が迫り、広がり、また迫る。そのうち、空がぽっかり開けて佐中の集落に着く。

集落の真ん中にある古民家が、江戸・天保生まれで明治・大正期に活躍した「財界5人衆」の一人といわれる実業家・原六郎の生家である。

◇

天保年間（1830～44年）は、逸材が多い。明治の元勲といわれる政治家は多くが天保に生まれている。近代財界5人衆は、生年順に並べると古河市兵衛（32年、京都）、大倉喜八郎（37年、新潟）、安田善次郎（38年、富山）、渋沢栄一（40年、埼玉）、そして2年遅れの原六郎である。三井や住友、三菱など江戸から続く豪商や藩の後ろ盾でのし上がった財閥ではなく、5人はいずれも一代で名声を得た実業家である

このうち3人は財閥を築いた。「古河電工」「ホテルオークラ」「明治安田生命」など現在も

その名前を冠した企業がある。渋沢も自らの名前を付けた「渋沢倉庫」を残すが、原とともに財閥はつくらなかった。

渋沢と原の2人は豪農の出身で、幼いころ渋沢は実家が営む藍玉の製造販売を、原は兼業の養蚕業を手伝う。幕末の青年期はともに尊王攘夷を信じ、明治から大正にかけて金融界や社会・経済基盤づくりに大きく功績し、互いに確固たる実業家の地位を築く。育った環境をはじめ歩んだ人生はよく似ている。

しかし、「日本の資本主義の父」と呼ばれてNHKの大河ドラマに取り上げられ、2024年夏には新1万円札に登場し再び注目される渋沢に対して、原は歴史からすっかり忘れられている。なぜなのか。その足跡を追う。

目次

V 社会基盤づくりに尽力

Ⅰ　波瀾万丈の青春期

❖但馬国、庄屋の六男として生まれる

原六郎は「進藤俊三郎」が本名である。1842（天保13）年旧暦11月9日（12月10日）、但馬国の佐中村（現兵庫県朝来市佐中）の庄屋・進藤丈右衛門長廣の六男に生まれた。男6人と女4人、10人兄姉の末っ子だった。実の名（いみな）は「長政」。12歳で母を亡くし、長女トセが母親代わりで育てた。

トセは25歳年上で同年齢の子どもがおり、俊三郎の面倒を見るころにはすでに夫を亡くしている。気丈な女性で常に胸に懐刀を収めていたという。

「私は女ながら独力で子どもを養育している。お前は男だ

原六郎の生家（明治時代に撮影）
◆『原六郎翁伝』より（以下◆印は同じ出典）

から独立していかねばならぬ。学問に精を出して偉くなれ。決して親兄弟を当てにするな」

庄屋とはいえ、当時は長男以外の男はいずれ養子に出る運命にある。末っ子ともなると行く先は心もとない。だから、常に厳しく、激励していた。

進藤家は先祖供養の古い石塔の銘などから、鎌倉から室町時代の間、南北朝時代（1336～92）には佐中に住んでいたことが確認できる。現存する屋敷は近世初期の建築様式（旧朝来町史）で、市の指定文化財となっている。地元では「佐中千年家」と呼ばれる。

原の生家は「佐中千年家」と言われている

朝来市「郷土の歴史・文化に親しむ会」伊藤孝さん提供

昔から農業のほか林業や養蚕業を営んでおり、俊三郎の父は22代当主にあたる。長男が病弱で亡くなり、三男の長厚が23代丈右衛門を継ぐ。二男三平は長男が亡くなる前に隣村の養父・能座村（兵庫県養父市）の北村家へ養子に出た。

その北村家の近くに住んでいたのが、俊三郎と生涯の友となる北垣晋太郎（のち国道、京都府知事）である。北村家当主の甥にあたる。

北垣と俊三郎は血縁はないが、遠い親戚ということになる。北垣は俊三郎より6歳年上で、2人は、のちに但馬の国で起きる「生野の義挙」（中央から見れば生野の変、今も祭事で守り伝える地方の視点では義挙）に参加する。

❖人気私塾「青谿書院」に学ぶ

北垣の家も代々庄屋で、晋太郎は「但馬の聖人」といわれる儒学者池田草庵に幼いころから学んだ。草庵が１８４７年に開いた私塾「青谿《せいけい》書院」の塾長となる。入門歴は20年近い。俊三郎は13歳のころに入塾する。

草庵は養父・八鹿《ようか》町宿南村生まれ。京都で学び帰郷し、35歳のときに青谿書院を開塾した。各藩とも藩校づくりに熱心な時代に、遠方から多数の藩士が入門した。門人帳によると、幕末から維新にかけて、北は群馬・宇都宮藩や埼玉・川越藩、南は肥前平戸藩や岩国藩など大小30藩以上から参加している。但馬地方では豊岡藩の入塾が目立つが、地元より他国の藩の入門者が急増した。

開塾から草庵が亡くなる明治11年まで塾生は7百人に上る。東京帝大総長で知られる濱尾新、広島師範学校長から文部大臣と

私塾「青谿書院」の内部　朝来市「郷土の歴史・文化に親しむ会」伊藤孝さん提供

なった久保田譲（いずれも豊岡出身）ら教育者を多く輩出していることで有名である。吉田松陰の「松下村塾」の関西版といっても大げさではない。人気の私塾だった。

❖攘夷を信じ、私塾を脱会

天保の大飢饉と一揆、経済改革の失敗、開国を求める米国使節ペリーの再来、外国との不平等条約など時代は暗雲が漂い、攘夷の思想が広がる。但馬でも日本海沖合にロシア船が現れ、豊岡藩が砲台を設置したり、農兵組織が検討されたりする。

多感な北垣塾長は師に攘夷を学びたいと訴えるが、草庵は「時局に翻弄されるな」と一切認めない。何度も押し問答するが、ついに北垣は破門される。そのとき、厳しい処分は受けなかったが、俊三郎と八鹿生まれの西村哲二郎の塾生2人は北垣に同調する。

北垣23歳、俊三郎17歳、西村15歳。3人は1858（安政5）年に退塾した。その年は、米や英などと結んだ修好通商条約が天皇に諮らず「勅許無し」で締結されたことが分かり、外国人嫌いの孝明天皇は激怒し、幕府に「攘夷」（10年以内に条約破棄して鎖国）を突きつけ大騒ぎとなったときである。

俊三郎は退塾した後、しばらく姉トセの嫁ぎ先に引き取られ、トセの同い年の息子と地元の小野藩校に通った。

攘夷思想を信じる北垣は行動を起こす。地元の有力者らに沿海防備のために農兵組織が必要と説く。他所で幕府に農兵組織の要望が出ていることを知っており、まずは兵力を持つことが肝要と俊三郎らと連絡を取り合う。孝明天皇の一件以来、攘夷運動の中心は江戸よりも京都に移りつつあった。

但馬は、京都との交流が深い。北垣は京都に居る同郷の蘭方医西村敬蔵を頼る。青谿書院を脱会した西村哲二郎の叔父である。敬蔵自身も青谿書院で学んだ。コレラの治療で知られ、幕府と攘夷派ともに顔が利き、有力藩の知己が多い。協力者を紹介してもらい、因州（鳥取）藩京都留守居役の攘夷派らとひそかに連絡を取り合うようになる。そのうち北垣らの農兵計画を知った薩摩藩の美玉三平や筑前（福岡）藩の平野国臣（通称・次郎）が接近してくる。平野は「桜田門外の変」（大老井伊直弼の暗殺）の謀議に関わった攘夷急進派である。彼らの関心は、沿岸の防備ではなく、幕府の天領、生野銀山の代官所である。

そんなうごめきの中、「生野の義挙」が練られていく。

北垣国道
（※国立国会図書館「近代日本人の肖像」より）（以下※印は同じ出典）

平野は北垣に挙兵を提唱し、あちこちで情勢を探る。池田草庵にも極秘に会っている。草庵の日記に決行の前月に「玉置主鈴と名乗る人物が来た」と記されている。平野の偽名である。なぜ草庵に会いに行ったのか。何を話したのか。用向きは一切書かれていないが、義挙への賛同を求めたのではないか。

❖「大和の変」に刺激される

天皇が奈良の春日大社を参拝する「大和行幸」が間近に迫った１８６３（文久３）年8月17日、攘夷急進派の公卿を担いだ土佐脱藩の浪士ら「天誅組」を名乗る40人ほどが突如、大坂の堺から上陸し、幕府の奈良・五條代官所を襲撃する。「大和の変」である。代官を殺害し、幕府直轄の天領を「天朝」と称して占拠してしまう。

驚いた孝明天皇は行幸を中止し、即時の条約破棄を求める攘夷急進派の中心だった三条実美《さねとみ》や澤宣嘉《のぶよし》ら7公卿を追放、急進派の長州藩も京都から追い出す。公武合体派の薩摩・会津藩に御所警護を任せて襲撃の翌日、天誅組の追討を命ずる。この「8月18日の政変」で梯子を外された天誅組は敗走し、9月24日に壊滅する。

北垣の農兵組織が許可されたのは「8月18日の政変」の直前である。「大和の変」失敗をまだ知らず、天誅組を支援する機会をうかがっていた平野は、生野で農兵を動員して決起する際は長州藩の大坂屋敷が応援するという約束を得て但馬に来る。30人ほど集まり意見を交わす。農兵は訓練ができていないと北垣は早期の決起に反対し、俊三郎も同調した。意見は割れたが、結局は「10月決起」となった。

義挙の大将とする公卿を迎えるため平野と北垣は7公卿が留まる周防国の三田尻（防府市）へ行き、俊三郎は武器調達役として京都へ向かった。

青年時代の原。脇差しを差している（◆）

❖「生野の義挙」に加わる

俊三郎は京都で鳥取藩の河田景与（通称・佐久馬）、松田道之（同・正人、のちに東京府知事で再会）に出会う。彼らは親身になって助けてくれた。ところが9月末、「大和の変」失敗の報が届く。長州藩の野村和作（のちに政治家で再会）は約束したのに、藩士の大半が国へ帰り大坂屋敷の武器取り出しもままならないと言ってくる。松田らは延期した方が良いという。俊三郎は急いで但馬へ戻る。だが、そのときにはすでに7公卿の一人、澤宣嘉と長州藩士ら総勢27人が但馬へ向かっていた。「中止」と「決行」の意見が飛び交う。北垣や俊三郎、平野は「中止」を求めるが、長州などから来た一団は強硬だ。高杉晋作の後を受けて奇兵隊第2代総監となった長州藩の河上弥一（通称・南八郎）は総監を辞めて駆け付けていた。「この機会を見送るとは何ごとか」とまくしたてる。長州勢の即時決行論に押し切られた。俊三郎は武器を取りにまた京都へ向かう。

10月12日未明、南八郎らが生野代官所に乗り込む。しかし幕府側は情報を察知していた。代官はおらず、兵糧や武器類もない。遅れて生野に入った澤卿は周辺藩に不審に思われないよう書状を送るが、翌13日には逆に出石藩が討伐の兵を出す。豊岡、福知山、龍野、姫路の各藩にも京都守護職から追討令が出る。このままでは四方を包囲されてしまう。集まった農兵は狼狽して逃げ出す。夜半、形勢不利とみた澤卿は代官所近くの本営をこっそり抜け出す。

もう大勢は決まった。代官所の北側、朝来・山口村の山上にある妙見堂にこもっていた南八郎らは14日に下山すると、幕府側についた農兵らに襲撃される。運命を悟った八郎ら長州藩10人や筑前秋月藩士ら合わせて13人が自決する。周辺で薩摩、水戸、出石藩の参加者ら4人が討ち死にした。代官所南側に居た平野国臣ら15人は逃れたが追討の幕吏につかまり、全員が斬殺または獄死した。

❖京都から武器運搬中、難を免れる

青谿書院をやめて「生野の義挙」に加わった北垣、俊三郎、西村の3人は、幸運にも難を逃れるが、波瀾万丈の人生が始まる。

義挙が決行される前、急きょ京都に戻った俊三郎は、待っていた西村哲二郎らとすぐに武器運搬にかかる。たくさんの荷を怪しまれてはいけないと、鳥取藩の松田正人が藩の紋入り槍印を貸してくれた。馬引きを雇ったが、その際に偽名を名乗った。俊三郎は「山田太郎」、西村は「太田二郎」。京都から山陰街道（現・JR山陰本線沿い）を但馬へ急ぐ。

丹波の西端にある遠坂（現・丹波市青垣町）の宿で「決起失敗」のうわさを耳にする。このまま行けば捕まるかもしれない。とにかく武器をどこかに預けなければならない。但馬に入って矢名瀬（朝来市山東町）から生野へ向かわず、日本海の浜坂へ進路を変えた。船を使うなどして3日がかりでなんとか鳥取藩松田正人の留守宅に預ける。

とりあえず分かれて行動する。俊三郎は「生野の義挙」が失敗に終わって1週間後の夜半、こっそり故郷へ戻る。自宅に立ち寄った後、自宅裏にある深高寺の物置きに二晩かくまってもらった。地元では死んだと思われていた。出会った従兄から「俊さん、もう浪人のまねなどおやめなさい」と言われた。「今日になってそんなこといってても仕方ないじゃ」と言い返したものの、心中は穏やかではなかった。父に「永遠の別れ」を告げて故郷を去る。

北垣は失敗を知ると自宅に戻り自ら命を絶とうとするが、父親を20歳前に亡くし、母子家庭の母親に諭され鳥取藩に助けを求める。西村も鳥取へ逃げたらしい。故郷に居場所がなくなった3人は年末、京都で再会する。幕吏に追われる志士となった。

生野の義挙で13人が自決した「山伏岩(自決岩)」
朝来市山口護国神社内

❖「原六郎」として生き延びる

いずれも蘭方医の西村敬蔵、鳥取藩の河田や松田を頼って潜伏した。北垣は京都に来て「芝捨蔵」(捨蔵は幼名)と名乗り、俊三郎は松田に会って偽名を「原六郎」に改める。進藤家始祖の藤原姓と六男からもじったという。松田が考えたともいわれる。維新後、北垣は本名に戻るが、俊三郎は偽名のまま押し通す。「原六郎」の人生はここから始まる。

ただ京都はますます警戒が厳しくなり、いったん離れた方が得策と思った3人は翌1864（元治元）年2月、江戸に入る。

江戸では鳥取藩士の千葉重太郎（北辰一刀流の剣客）が開く剣道場に匿ってもらう。道場にはほかにも攘夷の志士が出入りしていた。坂本龍馬もそんな一人で、原は気が合った。「強兵は国の実力があればこそ。国力を増すには商工業の発達が必要と教えてくれた。時勢を見る眼があった」と坂本を高く評価していた。

後日談だが、鳥取藩の河田佐久馬と行動をともにすることが多かった原は子分とみられていたのか、河田は坂本から「あの男（原）を私にくれないか」と言われていたらしい。そのとき、もし首を縦に振っていたら原の人生はどうなっていたか。

❖江戸や岡山など各地に潜伏

千葉道場に半年近く潜伏した後、赤坂の長州屋敷に移る。京都から締め出された長州藩が行動を起こす―との知らせから7月下旬、3人は他の藩士らとすぐ京都に向かう。出発した日の夜、幕府の探索が赤坂の屋敷を急襲し、残っていた藩士は多数が殺害、投獄された。間一髪で助かった。

大坂の長州藩士の行動とは「禁門（蛤御門）の変」（元治元年7月19日）だった。京都を追放された長州兵が御所の蛤御門前で会津や薩摩ら公武合体派の諸藩国の警護兵と衝突した。御所へ向けて発砲した長州は「朝敵」とされ、原らが到着する前に失敗で終わった。

早く動いて命拾い、遅れて命拾い、だった。京都の六角獄舎に繋がれていた平野国臣は奪還される恐れありと、このとき斬首された。

戻った京都も危ない。9月に入って、伯耆《ほうき》国の黒坂（現・鳥取県日野郡日野町）に行く。当地に居る河田佐久馬を頼った。河田は「8月18日の政変」前日、同じ鳥取藩で佐幕派の側近ら3人を京都・本圀《ほんこく》寺で惨殺する事件を引き起こし、黒坂に蟄居中だった。

鳥取藩は幕末、微妙な立ち位置だった。最後の藩主・池田慶徳は攘夷派代表格の水戸斉昭の5男で本人も攘夷派、幕府の次期将軍となる徳川慶喜とは兄弟である。幕府も対応に気を使う。本来なら厳罰処分のところ、藩主に忠誠を示す河田は幽閉で済んだ。

しかし原らは長く匿《かくま》ってくれとは言いにくい。大山でしばらく過ごしたが、面倒見のいい河田は岡山藩家老あての紹介状を書いてくれた。西村は残り、原と北垣は岡山の児島へ潜伏する。

このころはお金がなく、生活に困った。浜で地引網の手伝いをして魚をもらい、飢えをしのいだりした。

❖長州藩に加わり戦いに参加

「禁門の変」で朝敵となった長州藩に対し、幕府は各藩に征伐（第1次長州戦争）令を出す。第1次は薩摩の西郷隆盛の努力で和解するものの、翌65（慶応元）年、再び戦い（第2次長州戦争）を始める。江戸に戻っていた原と北垣は長州に入ることを決め、四国の讃岐で船待ちする。その際に高杉晋作と会い、添え書きをもらい長州藩守備隊に加わる。

66年夏に九州・小倉口の戦いに参加する。戦うのは初めてだった。戦場で、悲しい知らせが届く。

「生野の義挙」で北垣や原とともに生き延びた西村哲二郎が自ら命を絶った。長州藩の徳山部隊に居たが、耳病で言葉が聞きとりにくく、行き違いから幕府方の間者と疑った部隊長に対する義憤が爆発した。離れていた原や北垣に救いを求めることもできず、割腹死した。享年23。2人に宛てた遺書が残されていた。北垣も原も涙が止まらなかった。

小倉口での合戦のころ、徳川将軍家茂が亡くなる。将軍の喪で幕府は休戦するが、実はその前に坂本龍馬の仲裁でひそかに薩長連合が決まっていた。薩摩藩は幕府の第2次出兵を拒否する。戦意をなくした幕府軍は事実上、瓦解する。12月に入ると慶喜が15代将軍に就く。年末、孝明天皇が崩御する。「明治」が近づいてくる。原は25歳となった。

翌67年、原は三田尻に長州藩が開校した海軍学校で英語を学ぶ。学ぶといっても生徒60～70人に対して英書の文典など十数冊しかない。これを順番に借りて夜に毛筆で紙に書き写す。兵士の給料は1日米1升、月に40銭ほど（原文は国札40匁《もんめ》）。これですべてを賄わなければならなかった。栄養不足で脚気になり、入院したら赤痢をもらって往生した。

その後、山口の陸軍兵学校「明倫館」に移り、「日本陸軍の父」と呼ばれる大村益次郎からフランス式兵法を教わる。大村は医者だったが、軍制などの才能が認められ、軍の指導者となった。武士だけでなく国民皆兵の兵制改革を唱えるが、その考えがのちに命取りになる。

原にとっては比較的、平穏な年だったかもしれないが、世の中は激動する。年明けに明治天皇が即位する。10月、慶喜は「大政奉還」を宣言する。公卿側はすぐには動かない。翌月に坂本龍馬が京都で暗殺される。公卿らは薩長連合と組んで12月に「王政復古」の大号令を打ち出し、倒幕姿勢を鮮明にする。

❖「王政復古」で長州藩離れ、鳥取藩へ

「王政復古」は「生野の変」を「生野の義挙」に変えた。無念に自刃した南八郎ら17士は英霊となった。これを機に、原は長州を去る。あの西村を死に追いやった長州藩に違和感を持ったのかもしれない。長州戦争の最中に脱藩して長州藩に加わった河田佐久馬が鳥取藩に帰藩を許される。原は河田と行動をともにする。

志士の時代の原（左端）（◆）

１８６８年に入ると、戊辰戦争が起きる。錦の御旗を掲げる薩長中心の官軍は意気上がる。賊軍となった会津や桑名藩士らは鳥羽伏見の街道で一戦を交えるが、あえなく敗れる。大阪城に居た慶喜将軍は急ぎ船で江戸へ帰ってしまう。

戊辰戦争のぼっ発で討幕軍の編成が始まる。最初は西園寺公望卿が率いる「山陰道鎮撫隊」がつくられ、丹波口から舞鶴、宮津藩を抑え、鳥取をまたいで松江藩の誓書をとって山陰道を制圧する。原は丹波口

で勤王心が厚い農兵の「山国隊」に加わる。次に北陸道、東山道、東海道の3方向から攻め上がることになり、今度は岩倉具視卿の「東山道鎮撫隊」に参加する。河田とウマが合わない北垣は原とは別れ、「北陸道鎮撫隊」に入る。

❖戊辰戦争、「山国隊」で転戦

東山道鎮撫隊は、京都を発ち大垣から長野の上諏訪に入ったところで二手に分かれる。山国隊の隊長兼務となった河田のもとで原は司令となり、甲州経由で進む。途中、新選組近藤勇の幕軍に待ち構えられたりしながらも、なんとか3月中旬、無事に江戸に到着する。各鎮撫隊も続々と江戸に集まり、江戸城総攻撃に備える。が、西郷隆盛と勝海舟の話し合いで江戸城の無血開城が決まる。あとは東海、関東、東北、北海道の制圧である。

山国隊に加わって以来、原は1年余り、官軍の兵士として各地を転戦する。関東周辺の佐幕藩、幕軍を次々と制圧してその都度、江戸に戻る。5月、首都決戦ともいうべき上野の寛永寺に立てこもる彰義隊との戦いが始まる。旧幕軍は続々と結集して3千人に上る。

攻撃計画は、東上した東征大総督府補佐、長州軍の大村益次郎が指揮を執る。攻撃の合図で、山国隊司令の原は籠城先へ向け、料理屋2階で畳を弾除けにして鉄砲を撃つ。仲間が敵弾に頭を撃ち抜かれ即死する凄惨な場面に直面した。しかし、戦いは大村の戦略が功を奏し、彰義隊は四散、一日で終結した。

6月に入ると、奥州各地の戦いに移る。ただ原は、大村から直々に官軍の「新式歩兵二中隊」隊長を命じられる。この中隊は維新の前年、フランス人教官が訓練した朝廷を守る最新の親兵部隊だ。「初めて朝廷に出仕する」と喜んだ。「新式部隊を原に預けた」と河田に報告する大村の手紙（1868年8月22日付）をのちに譲り受けた原は家宝にする――と日記に記している。

7月に辞令を受けて訓練に入るため、山国隊は辞めた。

親兵の中隊長として69（明治2）年3月、「五稜郭の戦い」の官軍第2陣で函館に出向いたところで戊辰戦争は終結する。

函館に出兵する前、原は父の進藤丈右衛門に手紙を出した。出奔のわがままをあらためて詫び、軽い口調で安心させ、目を悪くした父に眼鏡を贈っている。

「生野の義挙」以来、幕吏に追われる志士で逃げ回り、維新で官軍となり幕軍を追討した怒涛の時代がやっと終わった。

Ⅱ 人生の転機 留学

人間の運命はどこでどう変わるか分からない。「生野の義挙」を生き延びて7年。長州藩に加わったり、鳥取藩士の河田佐久馬（のち初代鳥取県令）に気に入られたりして旧幕軍追討に明け暮れた原だが、どこの藩にも所属しておらず、「藩士」ではなかった。

❖戦いに明け暮れし、鳥取藩士となる

明治維新が明けた1869年6月、「版籍奉還」が決まった。各藩は土地と住民の管轄権を返上した。その1カ月前、原は鳥取藩から藩籍を与えられる。つまり正式に藩士となった。

鳥取藩傘下の山陰道鎮撫・山国隊司令として活躍し、大村益次郎に抜擢されて官軍の新式歩兵中隊長に任命された。翌春には東京・駒場で開催される新政府第1回天覧閲兵式で大隊司令に抜擢されることが決まっている。原に藩籍がないのはまずい、との判断があったのか。松田

正人が推挙したといわれる。

いずれにせよ、それが人生の大きな転機につながる。

明治政府は1870（明治3）年11月、「海外留学生派遣令」を出す。30万石以上の雄藩15藩を対象に、優秀な人材に急いで西洋文明を学ばせようとした。各藩2人。留学期間は1年。藩はそれぞれ人選しなければならない。

鳥取藩は、「鳥取藩権大参事　池田徳潤《のります》」と「鳥取藩士族　原六郎」の2人を留学生と決めた。徳潤は播磨・神河町の福本藩（明治維新前に廃藩）の元藩主、鳥取池田家の分家筋である。

❖鳥取藩の海外留学生に選ばれる

原はちょうど藩軍の第一大隊長の命を受けた直後だった。これまでの兵卒としての戦いや近年の指揮官ぶりが評価されたのだろう。選定を告げられたとき、思い切って希望を伝える。「1年では何もできない。3、4年行かせてほしい」と訴えた。

藩は相当渋ったらしい。勉強したいと食いさがり、最後は「国は1年分だけ。あとは藩で費用を持つなら許す」と新政府からいわれ、池田藩主から認められたと自伝に記されている。

留学にあたって、新政府は旅費（2人分）として洋銀2千ドルと金札470両、藩は2千両を負担する。経験のない海外生活だけに追加費用の取り決めもある。当時の財政事情からすると、よく原の言い分が通ったものだ。

当年30歳。本人は軍人として生きることの限界を感じていた。藩士とはいえ新参者であるし、ましてや薩長土肥の有力藩でもない。師と仰いだ大村益次郎は親兵中隊長に任命してくれた後、反感を持つ元長州藩士に暗殺された。このまま日本にいても道が開けるかどうか。海外で学んで偉くなろう——そんな気持ちで旅立った。

❖各藩留学生ら50人と22日かけて渡航

1871（明治4）年5月6日、米国郵船アメリカ号で横浜港を出発する。乗船したのは岡山、佐賀各5、佐倉、福井、静岡、徳島、高知、鳥取各2、熊本、名古屋、彦根、鹿児島各1人。東京から政府関係者、通訳ら15人、その他合わせて50人ほど。徳川御三家の徳川篤守公も同船していた。商人や私費留学生のほか、余裕のある藩は多数が渡航した。

アメリカ号は600～700トン程度の蒸気帆船だった。追い風には帆走し、凪《なぎ》では蒸気で走り、サンフランシスコに着いたのは5月28日。22日間かかった。

到着後はシカゴ、ニューヨーク、ワシントンを回ったが、アメリカ大陸の大きさ、初めて見る町の光景に驚いた。8月下旬に着いたボストンの町が気に入り、この地で暮らすことを決めた。新天地で思いめぐらす中、日本から届いたニュースにびっくりした。「廃藩置県」（同年7月14日）の報だった。ちょうどシカゴに居たころの出来事だ。

新政府は、藩はなくなり新しく発足した県は留学生の面倒をみることができない。至急帰朝せよ、とのお達しである。帰りの旅費は政府が出すという。当時米英など海外に派遣された留学生は約370人。藩留学生は117人おり、多くは薩長藩出身だった。

❖「廃藩置県」で帰国命令、拒む

「せっかく着いたばかりやのに、なんで帰らなあかんのじゃ」。原は憤慨した。夢をぶち壊された気分である。どうするか。しばらく考えたが、せっかく覚悟を決めてきたのだから後には引けない。生野義挙のときの苦労に比べたらどうということはない。藩に頼らず、いけるところまで自活しようと決意した。同行の徳潤も帰らない。12月に入って、政府に海外視察員の辞表を、鳥取藩には大隊長の辞表を、それぞれ発送した。「帰国拒否」宣言である。

原が住んだのはボストンから北西20キロほどのニューハンプシャー州コンコード。落ち着いた州都である。ここで2年ほど米国人家庭に下宿し、グラマースクールに通って英語を学んだ。

滞在してすぐに故郷の父、進藤丈右衛門長廣と長女トセ、次女チヨ3人の訃報が届く。1カ月ほど前のことだ。姉2人は重篤となった父の看病に交代で見舞い、父の死後に相次いで亡くなった。腸チフスが伝染したといわれている。

とくにトセの死はショックだった。二回り以上歳が離れており、幼いころから本当に母親のように育ててくれた。「学問に精を出して偉くなれ」といつも励ましてくれたトセがいなければ、今日の自分はいない。事情を知った下宿先の夫妻と娘は身内のように同情し、慰めてくれた。「教養あるアメリカ人の家庭にはいうにいわれぬ美しいものがある」。原は帰国後なんども回想している。

異国の生活や言葉に馴れて、73年春にコネチカット州ニューヘブンに移る。同地にあるエール大学に通うためである。ただ同大に在籍した記録はない。当時は日本人ら外国から学びに来た者は自由に出入りできた。原も同じように経済学の教室に出入りしたのであろう。

第2の下宿先ではどんな生活を送っていたのか。ボストンで原と仲が良かった筑前（福岡）藩出身の金子堅太郎（伯爵、農商務、司法大臣）が思い出を語っている。昭和10年の聞き取りである。原より半年遅れて藩主のお供で渡米した。岩倉具視全権大使の欧米使節団と同じ船だったというから、エリート留学生である。

金子堅太郎（※）

「日本の留学生はボストンに多くが集まっており、原君がいたニューヘブンとは1時間足らずの距離で、時々遊びに来た。初対面のころ、維新後は役人になるよう勧める人もいたけど自分は歳をとっているから正規の手続きを踏んではとても間に合わない。米国で経済学を勉強して帰り、明治新政府に入って大蔵省の役人になり財政や経済で国のために尽くしたい、と希望を話していた。私は当時20歳の若者で急ぐ必要もない。順を追って法律・政治を学んで政治家になりたいと思っていたから、原君のような人と知り合いになっておくのはいいいと付き合い始めた」

何度か会ううちに、原が「生野の義挙」の話をした。金子は、義挙で獄死した平野国臣と親類だった。父親が親しくしていたので子どものころよく平野に会ったという。偶然とはいえ、原も驚いた。当時の平野の様子や切迫したやり取りを聞かせ、すぐに親しくなった。

❖米国での生活ぶり

「これがきっかけで週末は月に1、2度は下宿に泊まりに来た。私は比較的生活費が豊かだったから週10ドル払ってダブルベッドのある広い部屋に住んでいた。夕方、近所のレストランで食事し、夜は2人で横になりながら遅くまで将来のことをよく話したりした。原君は酒が好きで、うちに来る途中にワインを買ってきたことがあった。栓抜きを貸してくれというが、私は飲まないから持っていない。第一、下宿先はピューリタン（清教徒）で酒もたばこもダメだというと、彼はストーブの角で瓶の口をたたき割り、独りで飲んでいた。翌朝、置いて帰った空き瓶が下宿主に見つかって、こってり絞られたことがあった。でも、忘れられない親友だ」

そのころ、ボストンには金子と同藩の団琢磨（のち三井財閥の総帥）、井上良一（日本人初のハーバード大卒業生、28歳没）、本間英一郎（マサチューセッツ工科大卒、鉄道界で活躍）、岩国藩主の弟や徳川御三家の篤守らが滞在していた。またワシントンの日本領事は薩摩藩出身の森有礼で、一等書記官に名和緩《ゆるむ》（本名服部、在米中に没）がいた。「縄緩む」をもじった偽名だから留学前どこかに投獄されていたのか。名和はその後、書記官を辞めてボストンで法律を学んでいた。原の伝記には出てこないが、山口藩出身で勤王家だったことから時々会っていたらしい。

もう一人、帰国後に原の人生を祝福してくれることになる人物とボストンで出会う。同志社を設立する新島襄である。幕末に密航してキリスト教に感化を受け、渡米した岩倉使節団の通訳をしていた。備中松山藩士が東京・牛込で開いた私塾で新島の弟（雙六）と、原と同行の池田徳潤が同窓だったことを知り、弟の病気の具合を聞きに訪れて来たのだ。新島は3日間、原らの宿舎で過ごした。

❖米国で金貨と紙幣の差益でひと稼ぎ

また米国で原は貴重な体験をする。当時、政府の帰国命令に逆らって在留する以上、お金は極力、節約しなければならない。持参した金貨など支度金はすべて銀行に預けた。

しばらくして気づいたが、米国は4年間続いた南北戦争（1861～1865年）中、金と紙幣の兌換（交換）が停止され、両陣営とも戦費調達でドル紙幣を増刷したため暴落し、ひどいインフレとなっていた。戦争終結後、米政府は各地に「ナショナル・バンク」をつくり、不換紙幣の回収・整理を進めていた。

原はハタと考えた。経済再建策が進めば、いずれ元に戻るだろう。金貨をドル預金には換えられる。すぐ銀行に預けていた金貨をすべてドルに換えて保管してもらう。予想した通り双方の価値は徐々に差がなくなり、米国を離れる前に金貨で引き出すとかなりの利ざやを稼げた。本人は「倍になった」と日記に書いている。

差益の額はよく分からないが、帰国する際に5千円程度の預金をもっていたことから相当の利益を得たのは間違いない。財政家の素質を感じさせる。

❖英国へ渡り、銀行論を学ぶ

結局3年で米国から英国へ渡る。誰の援助もなく私費で渡航した。先進地で経済、とりわけ銀行論を学びたいと思ったからだ。

渡英した月日ははっきりしない。原が持っていた原書の署名日付から推測すると1874（明治7）年5月15日（新暦）にはロンドンに居たようだ。

英書を読めるようになった原は、ロンドンのキングスカレッジ夜間部に通う。そこでイタリアから帰化したレオン・レーヴィ教授と出会い、「銀行学」講座を受ける。

75年6月4日付で同教授が出した修了証が残っている。受講者名は「ナガマサ・ロクロウ・ハラ」。ファーストネームに本名・進藤俊三郎の実の名「長政」を忘れずに入れている。

レーヴィ教授はまじめで熱心な原をかわいがり、マンチェスターに講演に出かけるときは連れて行った。帰国時には自筆で励ましと惜別の手紙を渡した。原は後年、欧州旅行した際には教授を訪ねて再会を喜び、教授から著書を贈られたりしている。教授が1888年に亡くなるまで師弟関係が続いた。

❖多くの留学生と交流する

英国には多数の留学生がいた。薩長はじめ有力藩の出身者が多く、大半は政治家か軍人を目指していた。在英中の原の生活ぶりはよく分からないが、ロンドンの南15キロほどのクロイドンに下宿していたらしい。当時、日本公使館から近いロンドン中心部トラファルガー広場の南隣、チャリングクロースにあるビリヤード場が日本人留学生の「たまり場」だった。そこに行けばみんなと会え、情報交換の場となっていた。

原と同時期に滞在し、自伝などに登場する留学生のうち、帰国後も交流が続くのは沖守固(鳥取藩江戸詰め絵師の子、岩倉使節団同行、のち神奈川県知事)、原保太郎(京・園部藩出身、兵庫県書記官や山口県知事)、横山孫一郎(茨城出身、帝国ホテルや東京電燈会社設立発起人)といった面々である。元阿波(徳島)藩主の蜂須賀茂韶《もちあき》(当時は英領事、のち貴族院議長)もいた。

在英中は面倒見の良い蜂須賀や長岡護美(熊本藩主細川護久の異母弟、私費で渡英、オランダ公使)らに世話になったらしい。

2年が過ぎた1876年、英国生活に慣れたこともあり、欧州の各地を旅行した。夏はジャージー諸島からポーツマス経由の保養に出かけた。秋にはドーバー海峡を渡り、ベルギー、ドイツ、オーストリア、スイス、フランスなど欧州大陸を回って見聞を広めた。

❖ロンドンで井上薫と知り合う

まだ欧州大陸旅行中の9月12日、明治の元勲の一人、長州藩出身の井上馨が英国にやって来た。新政府の要職を離れ、米国経由で視察に訪れた。幕末に藩の密留学生として渡英して以来、2度目のロンドンである。

欧州旅行から戻り、いつものビリヤード場に寄り、井上の来英を知る。もちろん会ったことはない。聞くと、毎週土曜に自らの宿舎で留学生を集め勉強会を開いているという。会ってみたいと思った。

勉強会には旧知の沖守固や横山孫一郎のほか、中上川《なかみがわ》彦次郎、小泉信吉らが常連組で参加していた。中上川は大分藩出身で福沢諭吉の甥、帰国後は井上に誘われて外務省入り。のちに山陽鉄道の社長になる。小泉は紀州の神童といわれて福沢諭吉に可愛がられ、井上とともに帰国して外務省入り。のち横浜正金銀行設立時の副頭取となる。「山陽鉄道」「横浜正金」――いず

井上　薫（※）

れも原が深く関わることになる会社である。

原も入れてもらい、「通貨と銀行」や「経済学原論」など主要な経済書を輪読し、日本でどう採り入れていくかなど議論を重ねた。

あるとき、勉強会で原は日本の主要産物の生糸を輸出する貿易会社の設立を考えていることを伝えた。すると、井上は大蔵大輔《たゆう》（現在の次官）だったときに開業した群馬の富岡製糸場について紹介した。政府がせっかく力を入れてつくった官営工場なのに開業当初から赤字続きで経営不振になっていること、払い下げの話が出ていることなどをみんなに説明した。

❖井上の勉強会でひらめき、帰国へ

原は知らなかった。ならば、と提案した。

「いっそのこと、富岡製糸場の払い下げを受けてはどうか。いまは外国商館しか輸出の取り扱いができず、利益は外国にとられるだけではないか。私は貿易会社をつくることを考えていたが、払い下げの方がもっと大きく関われる。『商権回復』になる」

原がロンドンから帰国するのを機に集まった留学生たち
（原は後列右から２人目、中列右から２人目が菊池大麓）（◆）

この提案に、井上は大きくうなずいた。みんなも賛成した。すぐに生糸の相場を調べようということになった。帰国時期はぼんやりとしか考えていなかったが、決意した。すぐ帰ろう。

井上には政府有力者や岩倉具視公ら関係者に根回しを依頼し、実家の兄や関係先に手紙を書いて、帰り支度を急いだ。日本人で初めてケンブリッジ大を卒業した秀才の菊池大麓（津山藩出身、のち理化学研究所長、東大総長）が近々、帰国すると聞いた。同じ船に乗せてもらおう。

1877年3月31日、井上や沖が見送る中、原はあわただしくロンドンを後にした。

Ⅲ　6年ぶりの帰国

❖富岡製糸場払い下げへ奔走

「さあ、これから起業家になるぞ」。1877（明治10）年5月21日、原はそんな高ぶる思いで横浜港に降り立った。当時35歳。6年ぶりの母国だが、急いで動かなければ。感慨に浸るゆとりはなかった。

ロンドンで知り合った井上馨から聞いた官営工場「富岡製糸場」の払い下げをなんとしても成功させる。もちろん目指すのは銀行家だが、実家の進藤家は養蚕業を営んでおり、子どものころ繭《まゆ》を買いに行かされたりしていたので、製糸場の在り様がよく分かる。

生糸は日本の主な輸出品だから、うまく運営すれば国が豊かになる。地元でつくる気があるなら留学中に蓄えた手持ち資金を融通しても良い――そんな内容を書いた手紙を進藤家の兄らに送っていた。富岡製糸場を払い下げてもらったら、もっと大がかりに製糸事業を進めることができる。気持ちがはやる。

横浜に着いて、日本で開業したばかりの鉄道に乗り新橋に向かう。ロンドンで鉄道は見ているから驚くことはないが、どれくらい時間がかかるのか気になった。横浜―新橋間は1時間25分だった、と日記に書いている。

すぐ東京の日本橋浜町（当時）に住む池田徳潤《のります》宅を訪れる。6年前、ともに米国に渡った鳥取藩の留学仲間である。4年前に帰国し、東京で暮らしていた。しばらく居候するつもりだったが、西南戦争で熊本に出征していることを知ると、近くに宿を見つけ、翌日から帰朝報告を兼ねて次々と知り合いを訪ね回る。

もちろん、狙いは富岡製糸場の件である。井上から何通かの手紙を預かっている。ロンドンで仲良くなり1年前に帰国した原保太郎（のち兵庫県書記官、山口県知事）に会い、保太郎が居候する岩倉具視あての手紙を託した。三井物産を創設した益田孝あての手紙も届けたが当人は不在だった。

義挙失敗後に親身になって助けてくれた鳥取藩の松田道之（通称・正人、のち東京府知事）にも会った。無事帰国を報告し、松田には本当の目的を明かした。沖守固の留守宅を訪ね、生き延びた同郷の友、北垣国道にも久しぶりに再会した。

また井上から特別に手紙を託された木戸孝允《たかよし》はすでに病で亡くなっていた。病身を心配し渡欧を勧める手紙だったという。井上より年長で同じ長州藩出身、明治維新の三傑といわれる大物だけに一度会ってみたかったが、望みは叶わなかった。

精力的に動き回っているうち、大蔵本局の紹介状をもらって6月7日、製糸場を視察できることになった。東京から馬車を乗り継ぎ、途中、熊谷で泊り、2日がかりで群馬・富岡に到着した。1日かけて製糸場を見て回り書類を見せてもらい、10日朝9時に富岡を立ち、夜10時に東京に戻った。かなり強行軍である。

❖富岡製糸場や周辺産地を入念に調査

2014年に世界遺産に登録された富岡製糸場は、原が帰国する5年前の1872（明治5）年に開業した。日本の威信をかけた3官営工場（他の2つは八幡製鉄所、造幣局）の一つだ。ロンドンでよく見かけた煉瓦造りの壮大な工場である。フランス人技師が設計した最新の器械式の生産工程で、女工は500人。全員が寄宿舎で寝泊まりする。しかし開業から3年連続で大赤字。その後、黒字になったもののまたすぐ赤字基調に戻った。

工場では繭の仕入れから製品の搬出ルート、生産量、職員の給料まで教えてもらった。工場の周辺地域は良質な養蚕の地として知られており、7月に入ると周辺の前橋製糸所なども入念に視察した。

前橋製糸所は日本初の器機式製糸工場で、開設者の速水堅曹（川越藩出身）に会う。日本の製糸技術の第一人者で、のちに富岡製糸場の所長を二度務め、富岡払い下げ論者でもある。所長を辞めてからは横浜正金銀行の取引先となる生糸輸出商社「同伸社」を設立する。

速水を紹介してくれたのは、初代熊谷県令で製糸界に詳しい河瀬秀治（宮津藩出身、原が正金頭取就任時の取締役、のち富士製紙の初代社長）だ。人脈もしっかり押さえている。

ふるさとの産地も調べる。但馬ではまだ近代的な製糸場は設立されていないが、郷里の資産家太田垣義亮が経営する姫路製糸場に出向いて供給先として使えるかなど問い合わせた。7月末から9月にかけて太田垣や兄の進藤長厚（三男、23代当主）らが東京に来て相談に乗ってくれた。

詳しく調べ上げた資料を基に、女工の寄宿制をやめた昼夜の交代勤務体制や職員を12等級に分けた給料表や経営改善策などを盛り込んだ「富岡製糸営業概見」を作成し、払い下げ申請の準備を整えた。

❖井上の払い下げ腹案

その間、ロンドンにいる留学生仲間の横山孫一郎に逐一、進ちょく状況を手紙で知らせた。横山は若いころから語学が堪能で横浜の外国商人から重用された。大倉喜八郎がつくった大倉組のロンドン支店開設の手助けをした。原が帰国後も井上との橋渡し役を務めていた。

10月に入ると、横山がロンドンから帰ってきた。井上の腹案を持参していた。久しぶりに会う友の慰労や留学生仲間の消息を尋ねるのもそこそこに、持ち帰った案を説明してもらった。井上の案は、貿易商社「富岡製糸会社」の設立だった。当時の日本の主な輸出品である生糸は、不平等条約で輸出は外国商館の言いなりだった。そこで、江戸から続く両替商三井組や新興財閥の大倉組と提携して有力な貿易商社を新設する。

第一国立銀行頭取となった渋沢栄一と三井物産創立者の益田孝を貿易商社の経営陣として参加させ、払い下げを受けた富岡製糸場と組み合わせて製造販売の一貫体制、貿易拡大、輸出振興を図るというプランだ。三井組の名前を使うのは井上らが三井物産の株主になるつもりだった。

原に対して井上は「気長くして怒らざること緊要なり」と伝えてきた。意味深長な伝言である。富岡製糸場の払い下げがそう簡単には進まないことが分かっているのだ。

渋沢や益田の名前はロンドン時代に聞いていたが、詳しく知らない。富岡に近い埼玉・深谷出身の渋沢と富岡製糸場の関わりを原はどの程度知っていたのか。

❖井上と渋沢栄一、益田孝のつながり

渋沢は、肥前（佐賀）藩出身の大隈重信に誘われて大蔵省に入った。大隈が大蔵大輔のときに富岡製糸場設立が決まり、部下の渋沢は創立委員長となって建設計画に尽力した。当時日本になかった建築材の煉瓦づくりのアイデアも生みだした。その後、井上が大蔵大輔のときに開業し、大蔵大丞《だいじょう》（局次長クラス）の渋沢は初代場長に義兄の尾高惇忠（通称新五郎）を推薦した。

渋沢栄一（※）

新五郎は勤王派で私塾を開き、幕末には上野の彰義隊に入り、「飯能の戦い」（埼玉県飯能市）に参戦した。官軍の原とどこかで対峙していたかもしれない。渋沢にとって、義兄であるとともに私塾で教えを乞うた先生でもあった。しかし、新五郎に経営の才覚はなく赤字続きで3年で交代させられる。

益田は佐渡藩出身で、父親は函館奉行だった。米

国留学組で英語が堪能だ。井上が大蔵大輔のときに造幣権頭《ごんがしら》（現在でいえば造幣局副局長クラスか）に抜擢した優秀な部下である。

❖井上と大隈の反目

では、そもそも井上は政府の中核にいたのになぜ急に海外へ出たのか。6年間日本を離れていた原は、当時の井上が置かれた政治状況を詳しく把握していなかっただろう。

明治維新から3年後の１８７１年。原が米国に留学した年だ。「欧米に早く追い付け」と新知識の吸収を急ぐ新政府はその年11月、岩倉具視を特命全権大使とする欧米使節団（帰国は１年半後の７３年９月）を送り込む。総勢１００人を超える大使節団（ちなみに使節団の中には新５千円札に登場した津田梅子が米留学生として参加）である。副使官には長州藩出身の木戸孝允と伊藤博文、薩摩藩出身の大久保利通ら維新を主導したメンバーが就いた。大久保は参議兼大蔵卿（現在の大臣）だった。

大久保の下で大蔵大輔だった長州の井上は、大蔵省に勤務していた渋沢と益田の新たなブレーンを従えて「大蔵卿代理」を自任する。一方、政府居残り組の肥前（佐賀）藩出身の大隈重信参議は自ら「事務総裁」のポストをつくり大蔵卿の役目も担おうとし、2人は反目する。

当時は太政官（右大臣、左大臣）のもとに4人の「参議」（木戸、大久保、大隈、西郷隆盛）がおり、その下に各省の「卿」を置く政治体制だった。

❖疑惑追及され海外渡航？

そんな折、司法省の予算減額をめぐって肥前藩の江藤新平司法卿が激しく井上大藏大輔を攻撃、井上は辞任し、渋沢と益田も行動を共にする。

井上が辞めたのは、予算をめぐる論争もあったが、ある汚職疑惑での逮捕要求をかわすため、ともいわれる。秋田の「尾去沢《おさりざわ》銅山」事件である。

江戸末期、南部（盛岡）藩は財政が苦しく、多額の財政支援をしていた御用商人に同銅山の採掘権を渡し運営を任せていた。維新後、大蔵大輔の井上はこの御用商人が南部藩から借金をしていた――と称して銅山の経営権を没収し、井上家出入りの長州の政商に無償で払い下げてしまう。

御用商人は無実を訴えたが破産し、井上は銅山に「従四位井上馨所有地」の看板を立てた。各方面から疑惑が取り沙汰され、江藤司法卿は厳しく井上の汚職容疑を追及した。

しかし新政府を担う長州や薩摩閥が反対し、肥前の大隈も同郷の江藤に同調しなかったため、辞任で逮捕は免れた。そして井上はほとぼりが冷めるまで米国を経てロンドンへ渡る。江藤はその後、佐賀の乱を起こして斬首され、尾去沢銅山事件はうやむやに終わる。

渋沢は、井上のトラブルにこれ以上巻き込まれないため「潮時」と思ったかもしれない。辞職して第一国立銀行をつくり、実業家として名を上げていく。

益田は、辞任した井上が設立した貿易商社「先収」会社で副社長を務めた。井上が入手した政府の情報を元に先収社は先物取引などで大儲けした。井上の行動はまさに「インサイダー取引」である。いまなら大問題になる。寡黙な西郷隆盛も「井上どんは三井の大番頭でごわす」と井上の金権体質を批判していた。

先収社はのちに井上の政界復帰で解散するが、益田は大隈や三井組番頭の三野村利左衛門から経営の才覚を認められる。先収社のような貿易会社をつくってほしいと請われ、益田が創設したのが三井物産である。

❖ 高ぶる思いもつまずく

そう考えると、原の払い下げ申請が進展しなかったのは、大久保のあと大蔵卿となった大隈が、原の背後に井上の存在（薩長閥）を察知したからだろう。また渋沢は、設立時から深く関わってきた富岡製糸場を、よく知らない人間に払い下げることにすんなり賛成したかどうか。あるいは西南戦争が勃発し、新政府はそれどころではなかったのか。

政府から離れ、雌伏していた井上が帰国するのは１８７８年7月。のちに原が大蔵卿として出会う薩摩藩出身の松方正義内務省勧農局長（当時）が富岡製糸場の払い下げ・官営廃止の方針を出すのは翌７９年。実際に払い下げが実現（落札は結局、三井）するのは１８９３年、遠い先である。

３カ月、半年、１年……いつまで待っても話は進まない。「なぜなんだ？」。富岡製糸場をめぐる人脈や政治状況を知らなかったとはいえ、原は勢い込んで帰国した第一歩でつまずいた。

Ⅳ 銀行家の始まり

❖国の「国立銀行制度」が発足

帰国から1年が過ぎた。富岡製糸場の払い下げに関して腑に落ちない思いでいた原だが、ある日、鳥取藩主の池田家から「国立銀行の設立を手伝ってほしい」と相談があった。

この「国立銀行」は、文字通りの国立の銀行ではない。原が滞米中の1872（明治5）年に政府が公布した「国立銀行条例」に基づく民間の銀行である。なぜ、こんな紛らわしい名前になったかというと、当時、大蔵少輔《しょうゆう》（現在の局長級）だった伊藤博文らが中心となり条例制定にあたったが、参考にした米国の「ナショナル・バンク」制度をそのまま直訳したためである。

明治維新から4年余。新政府は財政が脆弱で、なんとか早く経済を立て直さなければならない。国の産業振興、貿易を盛んにするため政府紙幣を発行するが、金銀貨幣と交換できない不換紙幣のため信用度が低い。当然、外国商人には相手にされない。「太政官札」や「民部省札」

など乱発するほど紙幣の価値は落ちていくから、なんとか整理したい。

そこで考えられたのが「国立銀行」制度である。不換紙幣と兌換紙幣（貨幣と交換できる）の入れ替えを促進する狙いである。南北戦争後の経済再建で米国政府が採用した政策をまねたものだが、あまり人気がなかった。設立要件が厳しかった。兌換銀行紙幣を発行できるが、同額の貨幣を準備しなければならない。また相当額の政府発行・不換紙幣を国に納める——などの条件を満たさなければ認可が下りない。

❖当初は不人気、国立銀は4行のみ

１８７３年に受付が始まると、5件の申請しかなかった。最初に認められた「第一国立銀行」は、大蔵省を辞めた渋沢栄一が提唱し、資本金２５０万円のうち両替商の三井組と小野組（京都）がそれぞれ１００万円を出資した。横浜の豪商・原善三郎らが設立した「第二」、徳島県人が発起人の「第三」、新潟の「第四」、大阪の「第五」——だった。このうち、第三国立銀行は認可を受けたものの出資者の意見が対立して設立できず、実際に開業したのは4行だけだった（第三はのち安田善次郎らがあらためて設立）。

一方、廃藩置県で藩を解体し、新しく中央集権の国をつくった新政府は各藩の負債（両替商などからの借金）を肩代わりした。およそ２４００万両（現在の5千～6千億円）ともいわれる負債について借用証書を出した。ただし50年間の無利子返済とした。これでは「借金棒引き」みたいなものだろう。また公金を取り扱う豪商らが保証のために預け入れる担保の額を４割程度から一気に同額に引き上げた。

豪商らに大きな衝撃となった。事前に情報をキャッチしていた三井組と比べ、対応が遅れた小野組は破綻した。第一国立銀行は急きょ減資、三井と小野組の頭取２人制を改めて、「総監」だった渋沢一人が頭取となり、なんとか体制を立て直し、経営危機を免れた。

また新政府は、藩が払っていた武士の俸禄（給料）も「秩禄処分」で肩代わり、米石払いを金銭払いの「金禄」に変更した。この「金禄」も1年で廃止し、「金禄公債」という退職金の形で優先償還付き債権にした。士族の没落がいわれ、武士階級は怒り、佐賀の乱（７４年）が起き、そして西郷隆盛が自決する西南戦争（７７年）につながっていく。

国立銀行条例から3年ほどの間に藩時代の金融制度は劇的に改革されたが、政府がもくろんだ国立銀行は一向に増えない。

❖条例改正で国立銀、急増へ

1876（明治9）年、政府は同条例を改正した。設立要件を緩和し、不換銀行紙幣が発行できるようになり、正貨（71年の新貨条例で1円貨幣を基準）の準備義務は廃止された。資本金に「金禄公債」の組み入れが認められた。施行されると、銀行の設立申請が急に増え始めた（ちなみに同条例はころころ変わった。5年後に再度改正されて不換銀行紙幣の発行を再び禁止された。新たに営業期間は20年で満了、その後は普通銀行として存続できる、となった）。

❖英国で銀行論学び白羽の矢

原が銀行設立の相談を受けたのは、そんな動きがきっかけだった。武士の「金禄公債」とは別に、藩主は毎年、旧石高の1割を「家禄」で受け取れる。全国の旧藩主ら華族は資産の運用に頭を悩ませていただけに、多くが国立銀行の創立に走った。鳥取藩は最後の藩主池田慶徳が死去した後、2男の輝知が池田家15代当主となっていた。条例改正のタイミングもあるが、原の帰国を待ちかねた感がある。

当時の「国立銀行設立願」をみると、発起人の多くは池田家の家令（元藩士）だ。「河田景与」の名前がある。通称河田佐久馬、戊辰戦争で山陰道鎮撫・山国隊を指揮し、原は部下として仕えた。のち元老院議官となる。「川崎金三郎」も入っている。金融で財を成した川崎財閥（神戸の川崎財閥とは別）の2代目オーナー、川崎八右衛門の通称名で、水戸藩出身である。旧鳥取藩主の慶徳公は水戸藩主、斉昭公の五男であり、華族同志のつながりが垣間見える。池田家の輝知当主は原が欧米留学で銀行論を学んだことを聞いており、河田らから「頭取になってほしい」と頼まれる。

資本金50万円で申請したが、国から大きすぎるといわれ25万円に減らされた。株式2千株の大半は池田家関係者で、原の出資はわずか70株、3・5％。体のいい「雇われ頭取」だが、世話になった鳥取藩のこと、異存はない。

❖第百国立銀の頭取に就任

1878（明治11）年8月、100番目に認可されて「第百国立銀行」（のち川崎銀行、第2次大戦中に三菱銀行に合併）として設立され、原は初代頭取に就任する。全国ベースで見ると設立はむしろ遅い方で、国立銀行はさらに153行まで急増した。乱立にあわてた政府はその時点で新設不許可とした。

頭取になると、原はたちまち手腕を発揮する。就任の翌79年、ニューヨークの日本領事館を介して在米の日本人組織と「米国輸出生糸荷為替」契約を結ぶ。それまで生糸の輸出業務は外国商館に独占されており、外国商館抜きで直接に政府機関を通して荷為替業務を行ったのは日本の銀行では初めてといわれる。国立銀行の多くは、華族の資産運用や運転資金などを融資対象にしており、荷為替のような商品の流通に関わることは思いつかなかった。

❖無名頭取ながら手腕を発揮

このような施策は、原にとっては前々から練っていたことだ。早くから海外貿易のことを考えており、ロンドン時代の75年に帰国する友人に託した実家あての手紙が残っている。その中で兄の進藤長厚や北村実造（養子に出た次男・三平）に輸出の必要性を熱っぽく記している。

「……富国強兵とみんな口癖のようにいうが、国が豊かにならないと兵は強くならない。国が豊かになるためには外国との貿易が最も良い。（中略）日本には生糸のような輸出品があるのに、日本人はいつも家の内に居て世界の相場を知らず、利益の多くを外国人の手に渡すのは愚の骨頂（中略）兄貴ら志あるなら世界相場を問い合わせて地元の連中と貿易会社をつくって生糸を買い占め、英仏へ送ってはどうか……」

こんな調子だから、原の行動は素早い。開業3年目には横浜、福島支店を開き、5年目には前橋に出荷期だけ開業する季節支店を設けて産地の生糸業者とのつながりをつくる。富岡製糸場を調べたときに周辺事情をよく知っている。渋沢がつくった銀行団体の集まり「擇善会」（のち東京銀行集会所）に加入し、情報交換を広げていく。

もちろん、ほかにも生糸輸出に目を付けた銀行はあった。東京で開業した第三十三国立銀行は創業者が製糸場を経営しており、資本の大半を生糸会社に投資したが、うまくいかずのちに破綻した。英国で銀行経営を学んだ原は決して無謀なことはしなかった。

❖第百銀、資金融資断られる

こうして輸出荷為替事業が拡大してくると、一つの銀行では資金的に対応しにくい。第百国立銀行は大蔵省に為替業務のための資金融資を申し入れるがなぜか認められず、それ以上は拡充できなかった。

不認可となったのは理由があった。横浜の実業家中村道太や丸屋商店（のちの丸善）の早矢《はや》仕有的《しゆうてき》らが為替を主な業務にした銀行の設立を地元で計画していた。2人は福沢諭吉が開いた慶應義塾の門下生で、塾を開いた地名から「三田派」と呼ばれた。当時はまだ為替を専門に取り扱う特殊銀行ではなく国立銀行条例に準ずる銀行だったが、三田派を率いる福沢、海運業で巨利を得た三菱会社（正式には郵船汽船三菱会社）を後ろ盾に、大隈大蔵卿が独占的に為替業務をやらせようとしていた。

1880（明治13）年2月、「横浜正金銀行」が誕生する。貿易決済を正金（正貨＝貨幣）で行うことを謳ったので、正金銀行の名が付いた。

第百国立銀行の名頭取ぶりは周囲の耳目を集めたが、横浜正金銀行設立をめぐる政治背景について、原は知る由もなかった。まさか、その頭取を務めることになるとはゆめゆめ思わなかった。政争に巻き込まれていくことも。

❖時代を先取りした東京貯蔵銀行設立

横浜正金銀行が開業して4カ月後の1880（明治13）年6月、原は独自に「東京貯蔵銀行」を設立する。39歳のときである。

頭取を務める第百国立銀は順調な滑り出しながら、まだまだ経営の基盤固めに忙しい。まさか新たに銀行をつくるとはだれも予想していなかっただろう。

国立銀行は旧藩主や華族ら富裕層を中心としており、庶民向けの銀行はまだ存在しなかった。経済の混乱からインフレが進み、庶民の生活は大変だった。英国では18世紀末、米国では19世紀初めに市民を対象にした貯蓄銀行が誕生している。

新政府もその必要性は分かっているが、まだまだ手が回らないというのが実情だった。「国が動かないなら自分が動く」。米英での実体験をどう生かそうか、ずっと考え続けていた原は自ら設立を決意したのだ。

のちに「貯蓄」名の銀行が普及するが、規約づくりの参考にした米国の「ガーデンシティ・セーヴィング・バンク」制度の名称を原は「貯蔵」と訳し、頑として譲らなかった。

「創立願」の趣意書にはこう書いた。「当行の株主は私利私欲に走らず、預金する衆庶（一般市民）の保証を確実にするため、資本金で公債証書を買い入れ、東京府に預ける」。預金者保護のため出資金はすべて担保に差し出す、というわけだ。

❖旧知の鳥取藩士が東京府知事

もちろん第百国立銀の実質オーナーである池田家当主の輝知には真っ先に趣旨を説明して参加を願い、ロンドン時代の留学生仲間で実業家の横山孫一郎や友人にも加わってもらい、当初の発起人は5人。23条に及ぶ「創立願」を東京府（当時）知事に提出した。知事は、生野の義挙で助けてくれた、あの鳥取藩の松田道之（当時は正人）である。

第百国立銀の頭取で多忙にもかかわらず出願に踏み切ったのは、松田が知事だったことが背中を押したのかもしれない。お互い気心が知れている。速やかに手配してくれ、4月、佐野常民大蔵卿（佐賀出身）の承認を得る。

認可から2カ月後の80年6月21日、東京貯蔵銀行は開業した。日本橋にあった第百国立銀の建物の一部を借りて本店とした。資本金は2万円。第百銀の25万円と比べ、小ぶりな銀行ではある。1000株のうち輝知当主は102株、原は193株を出資して自ら頭取となった。副頭取に矢島作郎を迎える。

矢島とはどこで知り合ったのか、はっきりは分からない。徳山藩出身で原と同じ勤王の志士。3歳年上で、ロンドンとドイツに留学後、大蔵省に務めた。ロンドンでは出会っていない。本名は伊藤湊だったが、これから新しい「八州（日本）をつくろう」をもじって矢島作郎と改名した。ユーモアがある。同じ境遇に親しみを感じたのか。のちに電気事業でも協力しあう。

❖庶民銀行として人気に

営業時間は9〜夕4時、毎月15と30日は夜8時まで。利子を受け取らないときは元金に組みこむ。当時人気の「東京経済雑誌」は開業の記事で「5銭以上ならいくらでも預かってくれ、利子は7分2厘、毎年1、7月に利払いし（中略）規則書は分かりやすく、預ける人からすれば不安もなく実に便利な仕組み」と高く評価している。

預金高は開業初年度10万9142円、4年後には3・6倍の39万2853円、預金者は1854人から4035人に増えた。予想を超える好業績で、開業から3カ月後、間借りをやめて第百国立銀近くに独立して本店を構えた。本店以外に横浜、東京・四谷、両国などに出張所（支店）を設け、5年後には資本金を2万から5万円に増資し、大正年間まで続いていく。

開業して2年後の82年7月、悲報が飛び込んだ。東京府知事の松田道之が急死する。享年43。若すぎる。原は親友の北垣国道と井上馨、沖守固神奈川県知事と相談して遺族が経済的に困らないよう手配をする。息子2人の学資も確保する。長男がのちに英国留学した際は英国公使に口添えするなど長く温かく見守った。

国立銀行条例に基づかない私立銀行は1876年設立の三井銀行がさきがけだが、富裕層が対象だった。少額預金を受け入れる庶民銀行は初めてである。そもそも庶民にはまだ貯蓄する習慣がなかった。政府が「貯蓄銀行条例」をつくるのは1890年、10年先である。東京貯蔵銀行は、まさに時代を先取りしていた。

❖外国貿易のため横浜正金銀行設立

一方、先に開業した横浜正金銀では、積極財政派の大隈大蔵卿や福沢、三菱の支援を受けて中村頭取が海外為替業務、融資を拡大する。正金発起人の一人、早矢仕が東京で設立した「貿易商会」も融資先となった。三菱が送り込んだ取締役が生糸輸出を扱う同商会横浜支店を担当した。また生糸輸出商社「同伸社」(本拠・横浜)にも巨額の融資をする。以前に原が製糸工場について教えを受けた、あの速水堅曹が富岡製糸場の所長を辞めて設立した会社だ。正金は開業してしばらくすると放漫経営と不景気が重なり、融資先が相次いで倒産して返済が焦げ付き、経営危機が発覚する。ちなみに副頭取は、井上主催のロンドン勉強会に原とともに参加していた小泉信吉である。

❖「明治14年の政変」

今も昔も、政治の世界は「一寸先は闇」だ。73年から大蔵卿を続けた実力者の大隈重信が81年10月、突然、失脚する。「明治14年の政変」である。

新政府の財政悪化が進み外債発行でしのごうとする大隈は、反対する松方正義大蔵大輔と省内で激しく対立。大隈の外債発行案は退けられたが、2人の激突を心配した伊藤博文は松方を内務省に異動、のち英国へ〝避難〟させたほどだった。が、政府の要《かなめ》だった大久保内務卿が暗殺されて以降、調整力ある伊藤が内務卿となり徐々に政府の中心となっていた。

伊藤はちょうど正金銀が開業したとき、「参議と省卿（各省大臣）の分離」を決め、兼務を無くす。権力の集中を避ける狙いもあった。当時は太政官（左大臣、右大臣）のもと、参議が各省の卿を兼務するのは珍しくなかった。分離改革で大隈参議兼大蔵卿の兼務は外れたが、後任には抜かりなく、同じ肥前（佐賀）藩出身の佐野常民を押し込む。原の貯蔵銀行を承認した大蔵卿である。

ところが6月、長州の伊藤や復権した井上、薩摩の黒田清隆や西郷従道（西郷隆盛の弟）ら薩長閥と大隈の間に亀裂が走る。国会開設の議論に関して、大隈が独断で太政官に提言し、知らなかった伊藤は激怒して詰め寄る。「誤解だ」と大隈が弁明し、いったんは収まるが、翌月、今度は北海道の国有物払い下げで不正あり――との記事が新聞に載る。福沢や大隈らがリークしたと大騒ぎになる。真相は分からないが、大隈に対する薩長閥の不信は決定的となる。伊藤は太政官に根回しし、大隈参議は罷免された。佐野大蔵卿も辞任、大隈シンパの各省官僚らの辞職が続いた。

帰国して内務卿となっていた松方がすぐ大蔵卿となる。下野した大隈は国会開設に備えて立憲改進党を創立し、薩長閥と佐賀や土佐など非薩長閥の政治対立構図をつくっていく。

❖設立早々に経営危機

ともあれ、大隈財政から松方財政へ政策が急転する。

松方はさっそく、経営危機の横浜正金銀に改革を指示する。翌年早々に官選の取締役2人を送り込んだ。経営状況を調べさせると、担保を取らない信用貸しや不明瞭な融資、回収見込みのない不良債権が多数見つかる。中村道太頭取は引責辞任した。後任の小野光景頭取（横浜の生糸商）は「官民分離、平穏鎖店」（会社を官民で分割するか、出資者の了解を得て解散するか）の発言が問題視され、半年で辞任する。3代目の白洲退蔵頭取は2カ月で解任（小泉信吉副頭取も解任）される。兵庫・三田の九鬼藩出身で、福沢諭吉の推薦で副頭取になっていた。吉田茂首相の側近で知られる白洲次郎の祖父にあたる。

松方正義（※）

経営が混乱する中、松方は同銀神戸支店の支配人を次の頭取に抜擢しようとしたが、病気で亡くなり振り出しになった。思案していると、井上や神奈川県知事の沖守固が原を推薦した。鳥取藩出身の沖は明治維新のころから原を知っており、留学したロンドンで再会し、親交を深めた関係だ。松方は原の銀行経営ぶりを聞いていた。藩閥とのつながりもない。恩義のある井上の推薦もあり、任せることにした。

❖横浜正金銀の第4代頭取に抜擢

1883（明治16）年3月22日、原は急きょ横浜正金銀行の第4代頭取に内定（就任は5月）する。42歳。資本金300万円。政府が100万円分の銀貨を拠出した半官半民で事実上、外国為替を専門的に扱う日本の銀行のリーダー格である。俄然、注目を集める。

名誉なことであり、望んでもなかなかできる仕事ではない。だが、いろいろなことが原の胸中をめぐる――「福沢と大隈が支援して出来た銀行」「2人の後押しで為替業務を扱う国の特殊銀行のような権限を与えられた」「三井と仲の良い井上と同様、大隈は三菱と親しいらしい」「そし

旧横浜正金銀行本店（現・神奈川県立歴史博物館）

て大隈と松方の対立…」。

行内には大隈派や福沢の三田派の人間がまだ勢力を張っているはずだ。腹をくくって臨まないと足元をすくわれる。池田家に事情を説明して第百銀の頭取はすぐに退くことになった。東京貯蔵銀行は一刻も早く根付いてほしい日本初の庶民銀行だ。まだ辞められない。

さまざまな勢力が暗躍する中、横浜正金の再建が始まる。

❖松方正義大蔵卿との出会い

横浜正金銀行について松方はどう思っているのか。大隈との対立が頂点に達した１８８０年、松方がまだ大蔵卿に就任する前に経済立て直しの18項目の策を列記した「財政官窺概略《かんき》」を建議している。その中で、第一は「現行紙幣を滅却する事」として不換紙幣から兌換紙幣への切り替えを急ぐべきだと主張し、諸政策の中に「海外為替正金銀行を設立する事」を挙げている。つまり大隈同様に横浜正金の必要性は十分に理解していた。また国家として中央銀行（日銀）、貯蓄銀行、産業振興の勧業銀行の設立が欠かせないと力説していた。

その通り、と思った。松方の基本的な考えを知った原は、正金の改革案づくりにかかる。経営実態の調べにかかったが、先に早く手立てしなければならないことがあった。経営危機を知った株主らが株を投げ売りして、１４０円以上していた正金の株価は額面割れの90円台に暴落した。三田派や大隈シンパの反対派株主が公然と妨害を始めた。原頭取は松方の了解を得て、間髪を入れず反対派の株式買い取りを決めた。１株約１１０円で６４００株集まり、とりあえず大蔵省に引き受けてもらった。相場が回復したら原価（１１０円）で払い下げてもらう約束付きである。ひとまず騒ぎは収まった。

❖貸付金の80％が不良債権

仔細に営業や資産状況を調べ上げると、損失額は想像以上に大きかった。貸付総額２０９万円のうち、回収見込みのある甲種貸付金は20％の42万円しかない。信用貸しや担保不十分の融資など当面返済見込みがない乙種貸付金（不良債権）は貸付の８割、１６７万円の巨額に上る。

このうちまったく回収できない損失額は45％の94万円強に達した。乙種貸付金の半分は銀貨である。正貨の準備金もおぼつかない。貨幣価値が現在比２万倍として、貸付金はざっと４１８億円、損失額１８８億円相当になる。

原はすさまじい勢いで改革案を練り上げる。

頭取内定１カ月後の４月25日、臨時株主総会が開かれた。就任あいさつも早々に、正金銀の危機的な資産状況をつぶさに伝える。そのうえで、3本柱の改革案を示した。

❖不退転、3本柱の改革案

第一は、資本金を正貨（銀貨1円を基準）本位から紙幣本位に改めること。今風にいえば、FX（外国為替取引）の差益狙いである。円ベース（本位）で、1ドル＝160円（円安）でドルを売り、1ドル＝120円（円高）になったときにドルを買い戻せば40円の差益が手元に残る。この理屈である。

改革案提出時（1883年）の相場は、1円銀貨＝紙幣1円40銭前後である。例えば銀貨50万円を売って紙幣に換えれば70万円になる。それを滞貨準備金に入れて差益分を損失の補てんにする戦略だ。

原は米国留学時代に金貨・ドル紙幣交換で銀行預金を大きく増やした経験があり、すぐに気づいたのだろう。損失を減らし、紙幣の価値が上がれば本来の正貨本位に戻す。

第二は、積立金を滞貨準備金に振り替えること。損失の備えを厚くするためだ。

第三は、「金札公債」を「金禄公債」に交換すること。

いずれも政府発行の債権だが、「金札公債」は銀貨と同額である。「金禄公債」は士族などのために発行したものだ。資本金300万円の3分の1は「金札公債」で保有しており、これを大蔵省に買ってもらい、同額の「金禄公債」を購入して置き換える。利息は「金札」より「金禄」の方が高い。また「金禄」は抽選で償還（現金化）のチャンスがあり、紙幣の価値が上がれば公債の市価も高くなる。

むろん、取締役、社員の減俸などさまざまな節減策も提示した。松方財政による経済再建と正金改革はいわば車の両輪だ。正金の再建と国の振興は表裏一体である。すべて松方大蔵卿に説明し、全面支援の約束を得ている。

❖ 5年目標の再建計画

「5年を目標に再建を果たす。ぜひご賛同いただきたい」――。株主総会で原は誠意を込めて了解を求めた。株主の一部に「お手並み拝見」という冷ややかな視線を感じたが、改革案は満場一致で決まった。

1883（明治16）年5月29日、正式に頭取に就任する。頭の中の計算では当座70万円近い差益が見込めるが、それでは足りない。損失解消に何年かかるか。まだ自信はなかった。融資先の同伸社など日本の主要産業である製糸会社の経営も支えなければいけない。とにかく海外荷為替の業務を拡大しよう。

銀行経営に長けた原の打つ手は的確である。期間が決まっていなかった政府の「御用荷為替資金」取扱期間を3年と取り決めて安定した事業と手数料収入を確保する。生糸と茶の輸出に限り、正金に特別有利な条件を引き出した。また資金不足に悩む輸出業者の実態を知ると、大蔵省と談判して岐阜や高崎など生糸産地と横浜港までの内地荷為替取り組みを始め、業者の間で頼りにされた。

❖半期で純益回復

頭取に就任して半年経った12月の大晦日、さっそく朗報がもたらされる。頭取室に下半期の決算書が届く。神戸支店（現・神戸市立博物館）も含め35万余円の純益が計上されていた。

すぐに三田の松方邸に電報を打った。

トウハンキエキキン　サンジユウゴマンアリ　イマケツサンスミ

ジヨウシンモウシアゲル　　ロクロウ

やはりうれしかったのだろう。

❖ わずか2年で欠損を解消

原の読みは当たった。改革案で想定した紙幣の価値は年々上がり、銀貨（正貨）から紙幣本位に切り替えたときの銀貨1円＝紙幣1円36銭は、2年後は1円6銭、3年後には銀・紙幣は同額となる。改革が遅れるほど差益は減り、銀・紙幣が同額となれば計画はとん挫するところだった。

正金はその後も順調に業績を回復し、なんと1885（明治18）年7月に欠損をすべて解消してしまう。頭取になって2年目。5年の目標を大きく短縮して達成した。見事な再建ぶりに誰もが目を見張った。

再建が完了したこの年、原が大改革に踏み切る際に変更した紙幣本位を元の正貨本位に戻した。松方は「まだ時期尚早ではないか」と心配したが、原は「大丈夫」と太鼓判を押した。「正金」銀行の名前通り、正貨で商いする銀行に立ち返った。

海外の情報収集能力も秀でていた。まだ再建途上のとき、英国の外為銀行、ロンドン東洋銀行が経営不振に陥ったことを大蔵省より一足早く気づいた。第一国立銀や三井銀などが損失を被る中、正金ロンドン出張所を速やかに支店に格上げして政府の海外債権を守った。日本の銀行では初めての海外支店である。

外国商人に対しては、ロンドンのロスチャイルド銀行とクレジット契約を設定、上海や香港の支店設立など矢継ぎ早の海外業務を進めた。

❖銀行家の名声高まる

輸出貿易が増え始め、正金の取扱高も膨れ上がる。外国為替取扱高は、開業年を100とすると、6年後は38倍に急増し、日本の貿易高における正金の取扱額は31%を占めるようになる。まさに正金の「黄金時代」到来である。

ただ、銀行家・原の名声が高まる一方、恐れていた政争に巻き込まれていく。

改革を進める中で、反対派の株の買い取りや社員に対する慰労対策、大蔵省との折衝など社内外のさまざまなことで走り回った。そのたびに原に対する中傷、追い落とそうとする動きが出た。

横浜正金の頭取時代（前列右から4人目）、同銀行役員たちと（1887年頃）（◆）

反・原派の株主が株の投機的な売りをかけて暴落を狙う。原は信用できる役員と銀行から金を借りてすばやく買い支える。再建のめどが立ち大蔵省に一時引き取ってもらった株式を売り値の110円で買い戻した。4千株は原ら役員が手当てし、千株は予備株とし、残り約1400株を社員に譲渡した。現金の余裕がない社員には後払い・割賦払いで渡した。株価は200円近くに高騰しており社員は大喜びだったが、独裁的だと批判する者が出る。

❖評価の一方で政争に巻き込まれる

初代頭取らが原の追い落としを画策し、取締役増員の機会を狙って三田派の取締役を送り込もうとしたことがあった。松方卿は「用心するよう」心配してくれたが、11候補から8人を選ぶ投票で、原は8300票を超えトップ再任。残りの7候補は8100票、7～6000票と続き、反対派の3候補はいずれも700～500票であえなく落選した。圧倒的信任だった。

逆に、周囲の風通しをよくするため三菱に予備千株を譲渡しようと松方に提案したが、「反対派にはダメだ」と却下された。実は、原は政治対立にあまり関心はなかった。各藩閥の政治家とは分け隔てなく付き合いながら純粋に銀行経営を考える実業家だった。

後年になるが、教育に関心を持った時期には大隈重信がつくった早稲田学校を何度も支援した。正金の頭取を辞任した後の1891（明治24）年、私立大学昇格計画に寄付して大学開校式で祝辞を述べた。大正時代になって図書館新設や理工科設立、中学校開校時など1万円近く寄付している。政治問題を他に持ち込まなかった。

だが、社外では政争が激化していた。大隈時代の正金銀を支え、海運を独占して巨利を得た三菱（郵船汽船三菱会社）は、下野した大隈の改進党を引き続き支援して薩長閥政府をけん制する。対する薩長は三菱の力を削ごうと井上外務卿、西郷従道農商務卿、渋沢、益田らが中心となって「共同運輸会社」を設立し、海運の激しい奪い合いが起きる。港がある横浜が主戦場である。

三菱当主の岩崎弥太郎が死去したことを契機に85年、三菱の大物番頭、川田小一郎が仲に立ち、両社の合併で争いはようやく収拾した。新しく誕生したのが、現「日本郵船」である。

❖日銀と「あつれき」生じる

やっかいだったのが、正金銀と日本銀行の関係だ。日銀は、原が正金頭取になる前年の1882（明治15）年に設立された。わが国念願の中央銀行であり、資本金1千万円。正金の3倍超の規模である。

初代総裁は吉原重俊。原より3歳年下である。米国留学後、外務省を経て大蔵省に入る。松方大蔵卿と同じ薩摩藩の出身だ。「明治14年の政変」があったばかりで、松方としては政争に翻弄されないよう、信頼のおける人物を配置した。

正金が開業早々から経営不振となり苦しんでいるうちはとくに問題は起きなかったが、原が頭取になり業績が急回復すると「あつれき」が生じる。

84年正月早々、正金再建途上の原は年頭あいさつを兼ねて郷純造大蔵少輔を訪ね、不足する銀貨を調整するため独自に銀行券の発行を願い出る。郷は、日銀の権限を侵すことになるのでよく日銀と相談するよう、答える。

そのあと松方邸を訪れた。松方は「銀行券の発行は日銀に任そう。海外為替はすべて正金とし、両行は分業してほしい」と説得する。「ならば」と、原は横浜と神戸で正金を日銀の総代理店にしてほしいと願い出る。松方は「中央銀行は為替を扱うべからず。欧州ではみなそうしている」と繰り返し、総代理店の話にはとくだん異を唱えなかったが、原の一途なところが気になった。

❖正金の銀行券発行計画、日銀猛反発

3月、原は松方卿、吉原総裁、郷大蔵少輔らを招いて会食、日銀券発行と総代理店の件を話し合うが、折り合いはつかなかった。その後も日銀と接触する機会はあったが、何ら進展はなかった。

年が明けて1885（明治18）年2月初め、原は静養を兼ねて熱海に滞在中、伊藤博文、西郷従道と出会う。先に東京に戻る西郷を途中まで見送ることになり、2人は馬で出掛けた。帰りの馬上、「先年の洋行前のことだった」といいながら伊藤は話しかけた。

「松方君には紙幣償却を万事宜しく頼むと言ったら『帰朝までには必ず2000万の正貨を貯蓄してお目にかけましょう』と言われた。帰国したら2400〜2500万になっており驚いたら、今は3200万だ。喜びに堪えない」と松方の手腕を高く評価し、何か思いを決した様子だった。原の日記にそのやりとりが残る。

5月に入って、「日銀の兌換紙幣発行」が発表された。翌月の官報で、これまでの政府発行紙幣は明治19年1月から銀貨（正貨）と交換し、その紙幣は消却することが布告された。維新政府が長年踏み切れなかった通貨改革がやっと実現した。

❖日銀、念願の兌換紙幣発行

そして正金は日銀の代理店として横浜で兌換事務を手数料無しで引き受けることが決まった。公債証書を担保に紙幣50万円を無利子、100万円を年2分4厘の利息で日銀から借り入れることも決まった。

松方、富田鉄之助日銀副総裁（吉原総裁は海外視察で不在）、三井銀行の三野村利助、原の4者で銀紙交換の比率などが話し合われた。また価格変動の速やかな連絡のため日銀と正金間に電話を設置することになった。

❖多忙で体調崩し、横浜へ居住移す

頭取になって以来、原は激務と外圧で体調を崩すことがあった。東京・築地に住んでいたので横浜の正金本店と三田の松方邸、永田町の大蔵省を毎日のように忙しく走り回り、過労がたたったのかもしれない。とにかく不便さを解消したいと、銀行の近くに住居を移すことを決めていた。

この年に横浜の野毛にようやく居宅が完成した。港を見渡せ、石垣に囲まれた700坪の邸宅である。やっとゆとりが持てる。お披露目を兼ねて松方、井上、山縣有朋、西郷従道、山田顕義、勝海舟ら政府要人が次々と招かれた。いまや金融界の名士である。

正金はもう一つ、懸案があった。3年間と決まっていた政府の「御用外国為替資金」の正金取り扱い期限が翌86年6月末と迫った。正金の外国為替は海外に広く展開しており、これが取り扱えなくなると影響は大きい。原は松方らに延長を求めた。それを伝え聞いた日銀は「正金は期限をもって廃止、同為替資金は日銀へ預け入れるべき」と反発する。

❖ 年末に日銀総裁に呼び出される

年もまさに押し迫った12月30日、原は吉原総裁邸に呼ばれる。顔を合わすと、吉原は不快感ありありの表情だ。正金の御用資金取り扱い期限延長には断固反対と断った上で、こう切り出した。

「昨今、正金はあまりにもうけ過ぎのきらいがある。政府の保護が過ぎる。日銀が銀券100万を非常な低利で貸し付けているのは、大蔵卿の切なる口添えがあったからじゃ。また日銀が正金を代理店に認めたのは大蔵省から理不尽な要求があったからで、日銀の本意ではないじゃやど」

「正金はもう少し自制して、利益の一部を日銀に譲り、両者相提携してわが国経済の発展に尽力すべきじゃ。このことは正金の永続を図るうえで必要ではないか。傍若無人の振る舞いを続けるなら、当方としても考えなければ……」

威嚇したり、懇願したり。話に力が入り、つい薩摩弁が出る。同郷の大先輩、松方の顔を立てざるを得ないが、一方で総裁の立場もある。行内から強い突き上げがある。

最後は穏やかに別れたが、原は一歩も譲らなかった。年が明けると、「御用資金」正金取扱いは1889(明治22)年3月末まで再び3年間の再延長が決まることになる。流れを変えられないとは分かっていたが、吉原の苦悩は消えない。

❖伊藤総理、井上外相の励まし

1886(明治19)年の正月、前年末に太政官制から内閣制に代わって初代内閣総理大臣に就任した伊藤を、初代外務大臣の井上を、相次いで年頭あいさつに訪れる。原は正金の置かれる状況などについて報告する。

伊藤総理いわく。「三菱はプライベート・インタレスト(私利)を目的とする一営利会社に過ぎない。正金はパブリック・インタレスト(公益)を計るための半公共機関であり、海外事業が主体である以上、国家的保護を加えるのは当然。世上の流説に惑わされず、断固、所信にまい進されたい」

井上大臣いわく。「日銀と正金両行間に紛争が起こりうるとすれば、原因は正金の利益が多いことに対する嫉妬の心。遠慮気遣いは無用、海外為替について何か改めることあれば速やかに大蔵大臣へ申し出ておくがよい」

両人とも励ましてくれるが、2人の視点は微妙に違う。伊藤は正金と日銀の関係について触れないない。あえて触れまいとしているのか。鋭い伊藤は、日銀と正金関係の対立が先鋭化していくことを予見し、どう対処していくか憂慮していた。

原は87年に入ると、さらに正金業務の拡張策を打ち出していく。▽年間の輸出取扱高1500万円の内、800万円は従来通り政府の「御用資金」の融通▽御用資金の内、正貨50万円を輸入為替資金に使わせてほしい――など3項目を大蔵省に請願した。輸入業務に関わるのは初めてとなる。

❖正金銀、資本金倍増600万円に

また増資も打診した。事業が拡大するほど営業資金が足らず、資本の増強が課題となっていた。300万円を2倍の600万円にしたいと申し入れた。

増資については、政府内で意見が分かれた。伊藤総理はやはり、反対だった。日銀・正金の関係がますます険悪になる恐れ――が理由だった。井上外務大臣は貿易拡大のためになると即時断行を主張した。所管の大蔵大臣に判断がゆだねられ、松方は「認可」と裁定した。日銀の資本金を超えるわけでもないし、貿易発展に寄与すると判断した。3月下旬、松方邸を訪問した原に認可が伝えられた。

正金では速やかに臨時株主総会を開き、満場一致で増資が決まる。このとき、1株の引き受けに、もう1株付ける仕組みとした。今日でいう「プレミアム株」で日本では初めての導入といわれる。

また、1年前に原が大蔵省に草案した「横浜正金銀行条例」が7月、やっと発布された。いままでは国立銀行条例扱いの銀行で、為替業務や日銀からの低利融資など原と松方の信頼関係で特例として容認されていたが、これで名実ともに政府の外国為替専門の特別銀行と認定される。

原体制のもと、横浜正金銀行は新たな黄金時代に入る、と誰もが思った。

❖初代日銀総裁、急死

その年末、日銀の吉原総裁が急逝する。42歳だった。松方のもとで大蔵少輔を務め、設立当初の正金銀行管理長、日銀創立委員長も経験した。病を患っていたとはいえ、日銀と正金の双方を理解、調整できる最適の人材と思っていた松方は大きな衝撃を受ける。「ポスト吉原」に懸念を覚えるが、あらためて「慎重に行動するように」と原に注意するしかなかった。

❖松方が指摘する原の「長所」と「短所」

松方には気になることがあった。原の一途な性格である。以前に反・原派から個人の中傷攻撃をされたとき、心配した北垣国道（当時、京都府知事）が松方に相談に訪れたことがあった。米相場などに関わっているといううわさがあったらしい。「そんな話を聞いているが、信じていない」と原を全面的に信頼していると語って北垣を安心させた松方だが、その際に人物評価が話題になった。原の長所・短所について、次のように列挙した。

長所は「誠実」「緻密なること」「職務上の取引など厳酷なること」

短所は「訥弁《とつべん》」「交際上、粗漏の癖あり」「世情人情を思慮することはなはだ薄きこと」

日銀と熾烈な競争をしていたときの様子や本人の話しぶりをよく観察していたのだろう。松方は「彼は物事をよく理解しているのに弁明しようとしない。今後、人との交際上よく注意をしなければいけない」と北垣に告げた。

この話を北垣から聞かされた原は、思い当たる節があったのか。「恐れ入るのみ。肝に銘じる」と松方から指摘された短所を日記帳に書き写し、座右の銘にして日々読み返していたという。

年が明けて1888（明治21）年2月、日銀の第2代総裁に富田鉄之助副総裁が昇格した。吉原が就任時に副総裁に推して一緒に仕事をしてきたが、行内では反正金派の急先鋒である。仙台藩重臣家の生まれ。吉原総裁より10歳上で、勝海舟から留学を勧められ、英米留学を終えて帰国したときは40歳を過ぎていた。原と同じ〝遅咲き〟である。福沢諭吉が仲人で、薩長閥とは一線を引いている。

❖ 大隈重信が復権、強まる逆風

まるで時を合わせるかのように2月、政治の世界でも異変が起きる。「明治14年の政変」で失脚した大隈重信が、外務大臣に復権した。

当時、欧化政策を進める伊藤内閣の条約改正案に外国人の裁判官任官が盛り込まれていたことが分かり、閣内からも異論が出て前年7月に井上外相は辞

大隈重信（※）

任し、伊藤首相は条約改正を中止にしたが、批判は収まらなかった。危機感を持った伊藤は、大隈と仲の良い黒田清隆農相を介して2月、下野していた大隈を外相に抱き込み打開を図ったのだった。

憲法発布を急ぐことを口実に伊藤自身も退いて枢密院議長となり、4月に黒田内閣に代わった。大隈は外相に留任し、政府内で再び影響力を増していく。政治のパワーバランスが変わり、日銀・正金問題に大きな影を落とす。

正金条例で対立が収まるかと思われた日銀・正金問題は、富田総裁に交代すると逆に先鋭化した。そこへ松方と財政政策で対立した大隈の復活である。

❖日銀と正金の関係ただす会合

案の定というか、日銀と正金の関係を問いただす会合が6月、大蔵大臣室で開かれる。参加したのは黒田首相、伊藤枢密院議長、山縣有朋内務相、大隈外相、松方大蔵相、富田日銀総裁、三野村利助・日銀理事、原の8人。これまで日銀や横浜正金が加わる会合は政府側は首相、大蔵、外務大臣が中心だった。が、今回は大がかりの集まりとなった。

老練な大隈を意識した布陣だろうが、当の本人は参加者の顔ぶれをどう感じたか。とくに三井の大番頭・三野村利左衛門の跡を継いだ三野村日銀理事を、三菱と近しい大隈はどう眺めていたのか。何か「どんでん返し」を仕込んでいるのか。

会議が始まる。松方は緊張した面持ちで大隈に尋ねる。

「日銀、正金のあり方についてご意見を聞かせてほしい」

大隈は言葉を慎重に選びながら答える。

「両行の報告書をみたが、まだ実況は存じ上げない。一方は右、一方は左と方向を異にするより、理財上、政府の目途と反するものあるならば、親密に取引する方法を設けるのが肝要ではないか」

無難な受け答えである。

伊藤が正金、日銀の双方に不和なる原因を尋ねる。原、富田とも「不和などない」と答えつつ、「正金は政府の銀行」との前提に立つ原と、「正金は一営利会社」と主張する富田の考えは平行線のままである。

❖日銀、正金は平行線のまま

途中、原が無抵当での貸し出しを日銀に求めていることに触れた際、大隈は口をはさんだ。

「正金は900万の（経営）実力があるから、500万までの信用貸しは問題なかろう」

大隈はよく分かっている、原はあらためて実力者の顔を見た。

会合の終盤、伊藤と大隈が同じように発言をした。

「では、両行の間に規約を結んではどうか」

そういう落としどころを考えていたのか、と原は思った。

大隈は黒田、山縣、松方を見やって、「両行の間を親密にし、かつ政府の機関となることが要用」と述べる。基本は松方も異論はない。

この日決まった規約書はまず大蔵省が草案をつくり、原と富田が折衝することになった。

大蔵省が示した規約は次のような内容だった
・日銀は年300万円を3分の利息で資金融通する
・正金はこの資金で海外から銀塊を購入して返済に充てる
・「御用資金」取扱期間は1889（明治22）年3月までとする
原が強く求めた「御用資金」取り扱いの延長は認められなかった。

1889年が明けた。秋になると、思いもよらぬ「どんでん返し」が起きる。

まず2月に正金条例が改正される。▽大蔵省に監理官を置いて何かあれば正金の特別監査を

行うことができる ▽取締役任期は1年、50株以上の所有者から選出する ▽条例や定款に違背することあれば大臣は当該取締役を解任できること――が盛り込まれた。

政府の監督、頭取の権限強化を図る改正だが、見方によっては現体制をけん制する内容とも受け取れる。

3月に入り、正金の株主総会が開かれる。原は「御用資金」の取り扱い延長が認められなかった経緯を説明した。資金を調達しないと外国為替業務に支障をきたしかねないと日銀に1千万円の融通を申し入れたが、応じない。それどころか、逆に300万円の融資を期限前に返せと迫ってくる。早急に対策を講じたいと理解を求めた。

4月25日、大蔵省銀行局長立ち合いのもと富田総裁と会うが、物別れに終わる。翌26日、大蔵少輔と協議するが、妙案は浮かばず。意を決した原はその足で松方邸を訪れる。たまたま伊藤と山田顕義司法大臣（長州出身）が居た。大蔵省と日銀の折衝経緯を説明し、「御用資金の取り扱いがなくなる以上、正金で海外為替業務を続ける自信はない。この際、日銀に事業を任せてはどうか」と進言した。

伊藤と松方は即座に反応した。

❖日銀と正金の役割分担

「為替事業はこのまま正金が営むべし。その資金は必要なだけ日銀から出させる。大丈夫だ」。2人とも、為替業務は熟練と才能、信用が欠かせず、そう簡単に継承できないことを分かっていた。頼もしかった。3人は久しぶりに松方邸で夜までゆっくり話し込んだ。

6月。日銀で開かれた会議の席上、松方大臣は政府の内意を伝えた。

「日銀は正金を責任代理店となし、資金を供給して外国荷為替を取り扱わせ、合わせて正貨の回収業務にあたらせること」

富田総裁は公然と反対した。

「巨額の資金を一営利会社に託すのは、国家のためかえって不利益になります。兌換紙幣で為替取引をし、その取り立て金で銀を購入するのはおかしい。その必要があるなら日銀が自ら行います」と食い下がった。

富田は何も分かっとらん、と松方はすぐに言い返した。「外国為替は日本国家の理財（財政）にとって重要な事業だが、銀行業務で最もリスクがある。中央銀行に任せるのではなく、経験が深い正金に任せる方がはるかに良い」

ここまで言われると富田総裁は黙るしかなかった。

松方からすべて聞いた原は7月3日、富田総裁宅を訪れ、よろしくお願いしたい旨申し入れる。疲れた様子の富田から「しばらく待ってほしい」と言われ、すぐに辞した。

❖日銀2代目総裁が辞任

そして9月2日。両行で外国為替手形の取り扱いを確認しようとしたとき、「富田日銀総裁辞任」の報が飛び込んできた。「自らの主張が通らなかった責任をとって辞任する」と述べたというが、周囲には「更迭された」と不満をぶちまけた。就任から1年7カ月の退任劇である。

後任総裁はすぐに決まった。

三菱の元老格、川田小一郎だ。当主岩崎弥太郎の補佐役を務めた。海運支配をめぐる大隈・三菱会社と薩長閥主導の共同運輸会社の熾烈な競争を仲裁した三菱側の総帥である。当時の財界で飛ぶ鳥を落とす勢いといわれた。

大隈の復活で三田派や三菱の支援が得られると思い込んでいた富田総裁は結局、踊らされただけなのか。最初から三菱の本命、川田を送り込む深謀遠慮だったのか。日銀を取り込み、正金の力を削ぐ。薩長閥政府を追い込む狙いに違いない。大隈の「どんでん返し」か――。情報は錯綜した。

❖日銀総裁辞任の責任問われる

急きょ、原は井上と松方に呼ばれた。「このたびの日銀総裁辞任のことは、貴君にも重大な責任がある。とりわけ行動には慎重に」。富田を追い詰めたと思われたのか。注意を受けたことが日記に残っている。

予測せぬ事態に原は身構える。9日、正金の社員には今後予想される日銀の出方に気を付けるよう指示する。翌日は株主総会。不安な雰囲気の中、とくに動議も出ず終わる。11日、川田新総裁にあいさつに出向いた。富田前総裁との間で決めた業務の取り決めを確認しなければならない。

どっぷりと貫禄ある川田総裁と対面する。両行の約定案を説明するとあっさり了解してくれた。融資は1千万円まで利息は年2分。原が当初求めた内容そのままである。一瞬、聞き間違いではないかと思った。

「原君な」と話しかけてくる。「大蔵には日銀という本妻がいる。正金がいかような寵愛を受けようと、妾が本妻を出し抜くことはいかんぜよ」。今の時代で日銀総裁がこんな発言をすれば間違いなくSNSで「大炎上」となるが、明治の世である。原はよく理解できた。

「いままでは大臣と正金で話してきたようだが、これからは大臣、日銀、正金の3頭政治で日本の金融政策を進めていこう」

川田の提案にもちろん、二つ返事である。政治的背景こそ異にするが、目指す方向は同じだ。腹を割って話し合える人物に思えた。

❖ 3代目総裁と協調路線へ

以後は、相談ごとがあるときは必ず3者で集まった。その前に川田総裁と打ち合わせた。よく川田邸に足を運んだ。のらりくらり話をはぐらかされ閉口したこともあったが、両行の関係は一変した。同時に「頭取の役目は果たした」と感じた。

11月下旬に在英総領事の園田孝吉（薩摩出身、関東大震災で死去）が帰国する。正金ロンドン支店の監督も兼ねている。帰朝したばかりの26日、東京・白金の大鳥圭介（兵庫・播磨出身、旧幕臣）邸に滞在中の園田に会いに行く。頭取を辞任するので後任を託したい旨打ち明けた。驚いた様子だった。松方大臣との間で園田は近いうち日銀に送り込む人事を進めていたので、まだ内密にと伝え、別れた。

12月に入って、松方に辞意を伝えた。園田のことを報告した。園田は最新の海外事情に詳しく日本から離れていたので反対派も異議は挟まないだろう、本人も日銀より正金の方がいいと話している、と付け加えた。松方は情勢から原の退任はやむを得まいと了解した。原は井上にも辞意を報告した。

辞任は翌年春と決めた。正月に汽車で大蔵大輔とばったり会った際に「大隈大臣が、松方大臣から原辞任・園田後任の話を聞いたと言っているが、本当か」と聞かれた。松方に報告すると「絶対に口外していない。園田が正金株を取得した話を聞いたのだろう。大隈独特の引っかけだ」と否定。何か策謀があるかもしれないから、当面は原頭取、園田副頭取でいかないか――と持ちかけられた。だが、原の決意は変わらない。

❖ 7年在任、正金頭取ついに退任

1890(明治23)年3月18日、原は正金頭取の辞任を正式表明した。

中傷や追い落としの暗躍が続く中、7年間在任した。引き受けた当時は資本金の半分近い不良債権を抱え破綻寸前だった横浜正金銀行を2年で立て直し、在任中に正金銀行条例を制定させ、唯一の為替専門の特別銀行の地位を築き上げた。退任時は国内で三井銀行に次いで2位の取扱高だったが、5年後には逆転してトップの座になった。

大正に入ると英国のチャータード銀行、香港上海銀行とともに世界3大為替銀行の一つと位置付けられた。

のち首相に就任する高橋是清は横浜正金の頭取を務めたあと日銀総裁となるなど、頭取ポストが総裁昇任コースとなる時代があった。また渋沢栄一の家督を継いだ孫の敬三は、栄一の助言で第一銀に入る前に正金ロンドン支店で経験を積んで日銀総裁、大蔵大臣に駆け上った。

第2次大戦後は、東京銀行（1946年）に改称、合併して東京三菱銀行となった。1996年には銀行再編で大合併して三菱東京ＵＦＪ銀行（現在「東京」はない）となる。「横浜」の名前は消えたが、近代日本の発展を支えた横浜正金銀行の「中興の祖」として原の名前は銀行史の中に刻み込まれ、不滅である。

❖帝国商業銀行会長の就任要請

正金の頭取を退いても、原の評価は揺るがない。次の事業に動き始めていたが、川田日銀総裁が離してくれなかった。

明治も半ばになると、近代国家のかたちが見えてくる。鉄道、鉱山、紡績が産業の中心である。1878（明治11）年に設立された東京株式取引所（のち証券取引所）はこのころになると株式会社が増え始め、資金調達の場として注目を集める。新しく事業を始めようとする起業家にとって、資金集めがその成否を握る。

国の中央銀行である日銀、外国貿易の正金銀、各地の国立銀行・普通銀行、庶民向けの貯蓄銀行——と金融機関の体制は順次整備されたが、企業融資を専門に扱う産業向けの銀行はまだ生まれていなかった。資金面から産業育成策を進める政府は興業銀行、勧業銀行の構想を進める。一方、川田日銀総裁は「帝国商業銀行」の設立を主導し、原に協力を求めた。

株式取引所関係者を株主とし、株券を担保に融資する新銀行構想である。まず創立委員に入り、開業のあかつきには会長になってほしい——との要請である。説明を聞いた原は考えた。「取引所（証券の）銀行」には賛成できない。ただ趣旨は理解できるので、トップにはならないことを条件に発起人は引き受けた。原が参加するかどうかで投資家の信頼度が違う。

❖会長在任4年、断れぬ性格見抜かれ

1894年9月に創立総会が開かれ、取締役に選ばれる。案の定、川田総裁が粘り腰で何度も会長就任を懇願してくる。正金時代の「借りを返す」思いがよぎったのか。第1回株式払い込みが終了するまでの期間だけ、と念を押して引き受ける。このあたりは川田の方が役者は上である。頼まれると断れない原の性格を見抜いている。

結局、95年1月の開業時、そのまま会長に就任する。翌年に川田総裁が京都で急死した後も総理大臣となった松方から続けてほしいと言われ、98年まで4年間在任した。しかし幹部の半分は日銀からの出向で官僚意識が強く、懸念が残った。

川田の後任日銀総裁となった三菱当主、岩崎弥之助（弥太郎の弟）にはそれまでの経緯を説明してあらためて辞意を伝え、自ら考えたタイミングで身を引いた。頼まれた以上は最後まで責任を果たす律儀な性格だった。

かつて「薩長閥の金穴（金庫）」「大隈・改進党の金穴」——と互いに揶揄された正金銀頭取の原と三菱の統帥・川田が協力し合う姿は、財界での「政治対立の終焉」と受け止められた。

帝国商業銀行会長となったあと、原は政府から日本興業銀行の創立委員を要請された。創業したものの業績は芳しくなかった。帝国商業銀との合併話が持ち上がった際、対等合併ではなく興業銀を吸収合併する形を助言し、その通り進んだ。

ただ同商銀は、原が不安視した通りの末路を歩む。証券関係者主導の銀行のようになり、のちに大きな負債を抱えて取締役が全員辞任する内紛で明治末に事実上、他行に吸収され、消滅した。

❖帰国後10年、例のない4つの銀行トップ

留学を終え帰国してから10年の間に第百国立銀行、東京貯蔵銀行、横浜正金銀行、帝国商業銀行合わせて4つの銀行のトップを務めた。このほか日清戦争後に日本が統治する地、台湾銀行の創立委員（14人）に加わった。渋沢栄一、安田善次郎、大倉喜八郎、高橋是清らとともに政財界代表の一人として選出された。薩長閥や閨閥など何の縁戚もない身で、これほど銀行経営に実績を残した人物は見当たらない。

V 社会基盤づくりに尽力

❖全国の鉄道整備に関わる

正金の頭取時代から原が実業家として見定めた事業はまず、「鉄道」である。北海道から九州まで全国の主要路線すべてに関わっていく。

明治政府は、鉄道整備の重要性を早くから認識していた。維新間もない1870（明治3）年、天皇臨席の廟議で「鉄道敷設」が決まる。

当時計画された鉄道線は、東京—長野—京都間の中山道幹線と、東京—横浜、京都—神戸、琵琶湖畔—敦賀の1幹線3支線である。ちなみに関東と関西を結ぶ現在の大動脈幹線、東海道線は路線に入っていない。

計画が決まったとはいえ、新政府にはお金がない。まず組織づくりを急いだ。民部・大蔵省に鉄道掛、関西鉄道局を置いた。

部門トップの鉄道頭（のち鉄道長官）に71年、長州藩出身の井上勝が選ばれる。幕末に長州藩がひそかに英国へ留学させた「長州五傑」（5人の中には井上馨や伊藤博文がいる）の一人である。井上勝は鉄道技術を学んで帰国する。のち「日本鉄道の父」と呼ばれるが、早くから鉄道国有論者で私鉄開発をめぐりあちこちで対立する。

❖国は民営鉄道を後押し

とりあえず鉄道の模範を見せなければいけない。政府は官営で新橋—横浜間を72年、大阪—神戸間を74年（2024年で150周年）に開通させる。原はまだ留学中（77年帰国）だ。幹線路についてはこのころから東海道線も議論されたが、国防上の課題や陸路と海路が近接する東海道より信州を通る方が地域開発につながるとの意見が強かった。英国人技師が76年にあらためて中山道の幹線鉄道計画を提唱し、国は準備を始める。

その後、西南戦争で財政が一層ひっ迫したこともあり、政府は各地の鉄道計画は民間資本による先行開発を促した。英国領事を務め鉄道普及の大切さを知る蜂須賀茂韶も民営論を後押しした。ロンドン留学時代に一緒だった原が帰国後、蜂須賀と連絡を取り合ったことはいうまでもない。

1881（明治14）年12月、日本で初めての私設鉄道「日本鉄道」（現在のJR東日本・東北本線）が創設される。東京貯蔵銀行を前年に設立し頭取となった原はもちろん発起人に加わる。この路線は上野―熊谷間、品川―前橋間と順次路線を広げていくが、青森まで開通するのは10年後である。

当時の鉄道状況をみると、北海道炭鉱鉄道、日本鉄道、関西鉄道、山陽鉄道、九州鉄道（いずれも現JR線、関西鉄道は関西線や草津線）が主要5大鉄道で、いずれも民営である。将来は官営に移管する方針だが、1899年時点の民営鉄道の開業区間は合計約2900キロ、官営鉄道の約1300キロより2倍以上長い（鉄道局年報）。

❖幻の「勢州鉄道」構想

中山道幹線鉄道計画は測量が始まり、政府は84年、建設公債2000万円を発行する。東京貯蔵銀に続いて横浜正金の頭取にも就任した原は、すぐに買い付ける。記録には残っていないが、正金だけでなく貯蔵銀、第百国立銀も含めて相当額を引き受けたらしい。「これからは鉄道が時代を切り開く」。そうにらんでの行動だ。

多額の公債を引き受けた原がすぐ取り組んだのが「勢州鉄道」の創設である。四日市―関ケ原を岐阜経由で結び、中山道幹線に連結する計画である。長野と関東圏の群馬も含めて生糸の産地と港をつなぐ新たな輸出ルートの創出となる。表向きの申請者は三重県令（知事）だが、実態は渋沢の協力を求めて原が発起人の中心となった。県は84年末に内務卿に申請したが、路線区間が短く採算性が悪い、中山道幹線道の一部として官営にする——など鉄道長官の反対で不認可、残念ながら幻に終わった。

幸か不幸か。2年後に幹線道計画は急きょ、中山道から東海道へ変更される。中山道ルートは難工事で多額の建設費がかかることが分かったためだ。

原は銀行経営で多忙だったが、急転直下に慌てることなく、方向転換して猛烈な勢いで全国の鉄道開発に食い込んでいく。

❖神戸・姫路鉄道（山陽鉄道）設立へ

原が5大私設鉄道の中でも創立当初から思い入れ深く関わったのは、山陽鉄道（現・JR西日本・山陽本線）である。幹線鉄道が中山道から東海道へ変更され、東京から神戸までは官営で工事が進められることになったが、神戸以西は財政難もあり、白紙のままだった。

そこで兵庫県の議長石田貫之助、酒造家の小西新右衛門、辰馬吉右衛門、明石の米沢長衛ら地元有力者が「神戸・姫路鉄道」計画をつくり、大阪や東京、横浜の実業家に相談した。大阪・藤田財閥の藤田伝次郎、三菱の荘田平五郎、そして原六郎である。

九州までつながることを直感した原は、郷里のことでもあり全面的な協力を約束し、発起人になった。1886年12月27日、兵庫県へ敷設願書を提出した。翌年2月、早期の実現を望む当時の内海忠勝知事が神戸を訪れた原や荘田と会い、まず工事着手に必要な300万円を集めたいと伝えた。原はその場で60万円の提供を申し出て知事から感謝された。

しかし県では慎重論が強かった。時の鉄道長官は頑固な鉄道国有論者、あの「長州五傑」の一人、井上勝である。収益が見込めるとはいえ神戸―姫路間だけそう簡単に民営を認めるはずはない――というのだ。

年が明けて、鹿鳴館で外務大臣主催の新年会が開かれた。原は招待客として出かけた。東京では珍しい吹雪の夜だった。盛会の間合いに伊藤総理と松方大蔵大臣に神戸・姫路鉄道の計画を説明し、早々の敷設許可を願い出た。

伊藤は呑み込みが早い。次のように路線の将来性を話した。

当面4、5年は政府に予定はないが、この区間はいずれ官営に移す必要がある線である。許可するにしてもあらかじめ建設、営業年限、買収価格など決めて、いざ政府が買いあげるときに紛争が起きないようにしておく必要がある――と。
心配した通り、政府に上がった願書には井上長官の「認可には当たらず」との反対意見書が添付されていた。

❖神戸—下関間の鉄道認可を得る

慎重論の一方で県庁では心強い味方がいた。当時、大書記官（内務省の高官ポスト、大臣と知事の調整役）に赴任した牧野伸顕。大久保利通の次男である。岩倉欧米使節団に父の利通とともに留学生として同行し、伊藤とも親しかった。のち外務大臣などを歴任し、総理の器といわれた。当時の苦労ぶりを回想した談話が残っている。

「私が上京して願書の手続きを取った。当時は井上勝子爵が鉄道の長官として大いに幅を利かせていたので、まずもって井上長官の意向をうかがうという情勢であった。わずかの距離の鉄道を敷設するのでは許可しにくい、馬関（下関）まで敷設ということにしなければならん、ということになった。調査させると神戸姫路の間は一日千人以上の往来があることが分かった。これなら一割くらいの配当はできると見込みがついた」

「ただ馬関までの敷設に何千万（当時）という大金が要るが、そう早急にできるはずがない。

地方の有力者から資本金の勧誘をすることになったが、酒造家らは相当資産があるのに主人は出て来ず番頭の代理ばかりで、なかなか要領を得ない。そんなときに原六郎君が東京方面で5万株用意できるとなり、みんな一気に勢いづいた。工事区間を（馬關まで）延長して再び願書を出し直した」

「工事になると、一から十まで井上長官の権限で干渉されるので、原君を通して、井上馨伯（外務大臣）から中上川《なかみがわ》君（彦次郎）を社長にしようと言われた。外務省の局長までやられた人で申し分なく、鉄道長官を袖にするのははなはだ穏やかではないが、中上川君といろいろ協議して、ともかく長官の方は当たらず触らず（のやり方で）、ということにした」

❖ 山陽鉄道、私設鉄道条例の適用第1号

鉄道長官には悩まされたらしい。敷設免許は2年がかりでやっと許可が下りた。神戸・姫路鉄道の名を改めた「山陽鉄道」は、前年に公布された私設鉄道条例の適用第1号となった。88年4月の株主総会で中上川社長が就任、原は常議員（取締役）となった。すぐに工事にかかり、年末に姫路まで開通した。が、その後の工事は難航する。

国に提出した山陽鉄道の計画は神戸―岡山間、岡山―広島間、広島―下関間の3区に分けて

各3年、計9年間の工事期間である。政府の意向を汲んで区間を延長したため、勾配工事の追加や路線の迂回など予定外の変更があると工期に間に合わない恐れが出た。このため、中上川社長から依頼された原は大蔵省に私設日本鉄道や同九州鉄道と同様、特別補助金を請願した。認められれば工期は2年短縮して7年で完成できると説明した。井上鉄道長官は強硬に反対する意見書を政府に出したが、原の根回しが奏功し、特別補助金は90年3月に閣議で認可された。ただ日本鉄道などと比べると補助枠は低く抑えられた。

会社設立から3年後、1891（明治24）年3月には神戸―岡山間が開通した。ほぼ計画通りに進んでおり、原は安心して翌年から長期の欧米旅行に出る。が、帰国すると中上川社長は資金不足や工事の遅れなど嫌気を出して辞任し、株主からは工事中止を求める建議が出ていた。もう一つ想定外のことが起きた。翌93年に井上鉄道長官が、内部告発により辞任要求が出て、松方内閣の後を引き継いだ伊藤首相（第2次内閣）の命で辞職に追い込まれた。反井上派の松本荘一郎が後任の長官となった。播磨・神河町出身である。逆風が少し収まるかもしれない。

❖天皇のお召列車に同行

原は急いで三菱の荘田と相談し、両人は4月の株主総会で国防や経済上の理由から、とりあえず当座の追加資金を独自に借り入れて広島までの工事を行うことで株主らの了承を得た。94年6月、何とか広島まで開通した。その2カ月後、日清戦争が勃発した。戦時の大本営を広島に置くため天皇陛下が9月に広島を訪れることになっており、原はお召列車に同行した。部隊は予定通り、山陽鉄道を使って宇品港から出発することができた。山陽鉄道会社以上に政府の面子が保たれた。

また難題が起きる。広島以西、山口県内の工事では軍部が国防上、砲台直下の海岸線を避けて山岳部を迂回しろ、と要求する。それでは工期も工事費も大幅にオーバーしてしまう。政府は補助金増額を認めないといい、軍部は主張を変えない。原はすぐに山口県知事の原保太郎に連絡を入れる。ロンドン留学の知り合いで六郎が帰国した際、岩倉邸に居候中の保太郎に真っ先にあいさつに出向くなど京丹波・園部の出身で馬が合った。

2人は政府、軍部双方と折衝を続ける。原知事は苦労しながら軍部の顔を立てつつ、政府も補助金増額の理屈が立つ折り合いどころを見つけ、解決してくれた。補助金が増額され、大きく迂回せずに済んだ。〝ダブル原〟の作戦勝ちである。「持つべきものは友」。六郎は、ロンドンで得た知遇にあらためて感謝した。

❖13年かけ山陽鉄道神戸—下関間全通

神戸—下関間を結ぶ山陽鉄道は計画より2年遅れで1901（明治34）年5月27日、全線が開通した。全線開通に先立って、一等客車に寝台車が導入された。日本で初めての寝台列車で、話題を呼んだ。山陽鉄道は積極的な経営で知られ、寝台車の以前に急行列車の導入や「列車ボーイ」サービス、食堂車の設置など日本初のサービスを次々と始めたといわれている。

山陽鉄道に関連して、原は姫路・飾磨と豊岡を結ぶ播但鉄道（現・JR・播但線は姫路—和田山間）の建設にも力を貸す。帝国憲法発布の祝賀に酔う1889年2月16日、東京の鹿鳴館で先の石田貫之助から相談を持ち掛けられる。近く開かれる「播但馬車鉄道」設立発起人の件だ。但馬の生野銀山と姫路・飾磨を結ぶ計画で、力を貸してほしいと頼まれた。故郷の発展につながるなら、と支援を約束した。ただ生野は坂が急だから馬車では無理だ、蒸気車にした方が良い——とアドバイスした。原の意見はさっそく取り入れられ、馬車を蒸気車に変更して「播但鉄道設立発起人会」が翌

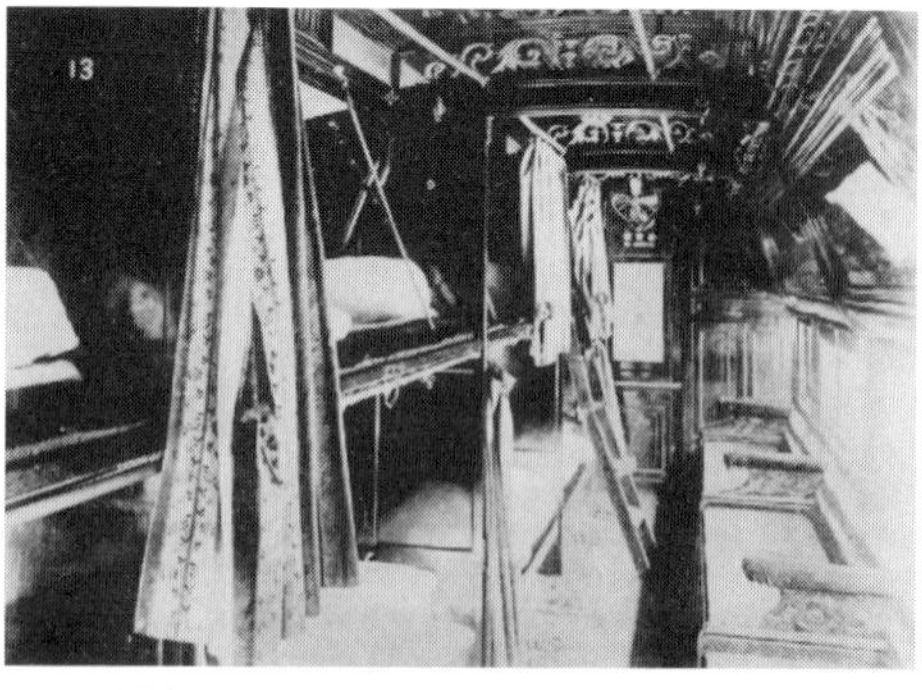

山陽鉄道を走る一等客車に施された寝台車（◆）

3月、神戸で開かれた。もともとは姫路の議長内藤利八や福本藩（播磨・神河町）出身で生野銀行頭取の浅田貞次郎らが立案した。その後、石田や池田徳潤（元福本藩主で、原と渡米した留学組）ら地元関係者、原の知人で横浜の実業家横山孫一郎ら20人を超える発起人が集まった。

❖難関の播但鉄道、設立へ

原の呼びかけもあったのだろう。さらに藤田伝次郎、蜂須賀茂韶、明石の実業家米沢吉次郎（長衛の次男）、東京馬車鉄道発起人ら各地から17人が賛同者として加わり設立願書が出された。原は発起人には入らず、賛同者にとどまっている。

当時は私鉄ブームもあり、近隣で申請が乱立した。播丹鉄道（飾磨―舞鶴）▽京都鉄道（京都―舞鶴）▽摂丹鉄道（尼崎―福知山―舞鶴）▽舞鶴鉄道（大阪―池田―舞鶴）▽南北鉄道（加古川―氷上―舞鶴）など次々と願書が出されたが、すべて認められなかった。同一地域に集中しており、多くが採算性など経営上の問題点があった。井上鉄道長官が「だめだ、だめだ」と叫ぶ姿が目に浮かぶ。

民営論者の原も一度、兵庫・姫路と鳥取の境・米子を結ぶ「陰陽鉄道」設立の相談を受けたが、無理だと中止を説得した。採算性の見通しが立たないからだ。「株だけで鉄道はできない」

とぼやいた。

ところが、播但鉄道はすんなり認可を受けた。そもそも兵庫県西部の鉄道なのに本社は当初、東京にあった。発起人の中に立憲改進党の幹部が2人いたからではないか。

❖「改進党鉄道」と揶揄される

一人は佐賀出身の牟田口元学。大隈重信が改進党を設立したときの総裁補佐役である。付け加えると、横浜正金で反・原派の取締役候補となったが株主総会の選挙で最下位落選した当人である。もう一人は藤田高之。同じく改進党だ。藤田が初代社長、牟田口は2代社長となった。3代目社長の鹿島秀麿ものち改進党から出馬して衆議院議員になる。当然、大隈の口添えはあっただろう。

鉄道開設に政治力が働くのは古今東西珍しいことではないが、原は政治絡みに深入りを避けるため発起人に入らなかったのではないか。

面白いエピソードが残っている。播但鉄道設立25年記念祝賀会で鹿島社長の回顧談が地元の神戸新聞（1918年6月4日付）に載っている。

「私鉄鉄道では関西で8番目の設立だが、『改進党鉄道』と反対派からにらまれた。政府の鉄道局長（原文のまま）からは故意に手加減された。生野区間は銀山の関係上、株式の10分の1、2千株を帝室株として御料局（現・宮内庁）に引き受けてもらい、一度中断した工事が進ちょくしたこともあり株価が2倍になった。すると欲深い株主がその2千株を返してもらえと決議した。しようがないので、原六郎氏と私（鹿島）が株主と発起人の代表として交渉に出向いたら、御料局の品川弥次郎局長からかなり難詰されてしまった」

買い戻すことはできたが、株主代表とされた原も迷惑なことだったろう。

❖延伸難航、山陽鉄道と合併で解決

工事は生野までは比較的順調に進んだ。その後、工事区間が豊岡・津居山まで延伸されたが、生野から原の郷里に近い朝来・新井《にい》までは峠越えの難工事でたちまち経営が苦しくなり、飾磨―新井間開通で工事が中断。その後もうまくいかず、原が仲介して山陽鉄道に合併されてから、やっと豊岡まで開通した。

鉄道省が編纂した『日本鉄道史』には、「原六郎」の項目がある。

「…山陽鉄道常議員、北海道炭鉱鉄道創立発起人、総武鉄道常議員、南和鉄道（奈良―和歌山）監査役、船越鉄道（九州）取締役、九州鉄道取締役、（中略）東武鉄道取締役、東上鉄道（巣

鴨―埼玉・川越―群馬・渋川）取締役」――全国各地の鉄道計画に参加している。
原の自伝に載っている関係鉄道線路図などでは、もっと多くの鉄道に関わっていることが分かる。播但鉄道のほか関東鉄道（東京・赤羽―神奈川・足柄上郡）の創立委員長や、北越鉄道（直江津―新潟・新発田）、阪鶴鉄道（大阪・西成―福知山―舞鶴）、豊州鉄道（九州）、濵崎鉄道（同）、阪神電気鉄道、京阪電気鉄道、金邊、富士、駿甲鉄道の各設立発起人となっている。

❖全国の鉄道インフラ整備に全力、異例の鉄道協会委員

北海道の函樽鉄道（函館―小樽、のち北海道鉄道に合併）設立では、北海道庁長官だった親友の北垣国道が実業家に出資を要請した。同地ですでに開拓事業を展開していた渋沢は当初「薄利ではうま味がない」とつれない返事をするが、原はすぐに応じている。北海道から九州までおよそ20以上の鉄道事業に参画している。勢州鉄道など実現しなかった路線を含めるとさらに増える。原は帝國鉄道協会委員に選ばれて朝鮮半島や台湾の鉄道計画にも参画を求められた。鉄道インフラ整備への貢献度が分かる。

山陽鉄道はじめ日本鉄道、関西鉄道、九州鉄道、北海道（炭鉱）鉄道など5大私設鉄道は、1906年3月に鉄道国有化法が成立して順次、国有鉄道となった。原ら民間の実業家が熱意

をもって協力していなければ、日本の鉄道整備はもっと遅れていただろう。

日本の鉄道は紆余曲折を重ねながら、第2次大戦後、「国鉄」となり名実ともに全国網が整った。だが、戦後復興で東海道新幹線が開業して以降、国鉄は赤字経営から抜け出せなくなり、ついに1987年、中曽根行革で民営化、全国7つのJRグループ社に分割され今日に至っている。明治維新、百年の計で鉄道の国有化が実現したが、50年でまた私鉄時代に戻ってしまった。歴史を長い目で見ると、何が最もふさわしい終着点なのか分からない。

鉄道事業の進展に伴い、1896年には汽車製造合資会社（1912年に株式会社、のち川崎重工に吸収合併）の設立発起人にも加わった。日本初の鉄道車両メーカーである。当初は関西の株主が多かったせいか、本社と工場は大阪にあった。規模が大きくなると東京にも工場が出来た。事業が順調に拡張するまで監査役を務めた。鉄道ではないが、兵庫県内では河川交通網の「兵庫運河会社」（のち神戸市が買収）の設立にも一役買っている。

❖鉄道網の次は鉱山開発に力注ぐ

全国各地の鉄道設立に力を注ぐとともに、原が積極的に取り組んだ事業は石炭採掘、鉱山開発である。

九州鉄道に深く関わったのは、そんな将来図を見ていたからだ。ただ、原が最初に手掛けた鉱山は石川県・能美の遊泉寺鉱山（現・小松市）である。１８８９（明治22）年から翌年にかけて、東京貯蔵銀行副頭取の矢島作郎らを通して能美鉱業組合の経営に乗り出すが、横浜正金銀行頭取の退任時期で身動きが取れなくなり、諦める。まだ周辺の鉄道が十分に発達しておらず、輸送上の課題もあった。逆に鉱山開発には産出地と港を結ぶ鉄道網の整備が欠かせないことを再認識する。

福岡県の中央部、筑豊地方は江戸時代から幕府や藩が御用炭として採掘を独占した石炭の埋蔵地帯だ。維新後は軍艦や蒸気船のため石炭の需要が大きく伸び、民間の開発が増えた。当時、炭坑は50ほどあり、そのうち半数以上はまだ未開発だったらしい。のちに九州鉄道に合併されるが、原は豊州鉄道、船越鉄道、濱崎鉄道など筑豊や周辺の地方線設立に精力的に動き、産出炭の搬送体制を頭に描いた。

❖九州・筑豊の地域振興に貢献

一方、福岡県知事からは鉱山開発の融資を打診されるが、当時の銀行では鉱山融資は例がなく難しかった。ならば、と原は個人事業家として乗り出す。

筑豊の中でも規模の大きい「大任《おおとう》」坑（74万坪）について、原と薩摩の島津家が１８９４（明治27）年に折半出資し、共同経営を始めた。直後に日清戦争が勃発する。不景気となり、需要が減る。坑夫は動員され労働力が足りなくなる。採炭事業の見通しが不透明となり、認可を受けたものの半年足らずでいったん活動を中止する。

そのうち戦況は日本に傾いたが、島津家は資金引き揚げを申し入れてきた。戦勝間近の情報を得ていた原は単独経営を決断した。島津家の出資分を返し、個人経営者として開坑の準備を始めるが、その間も周辺の炭坑を次々と買収していく。

日清戦争に勝利して再び景気が上向き、大任炭坑は5年後の１８９９年に開坑する。年末には豊州鉄道大任線が開通して搬出体制も整い、出炭量は13万トンから22万トンに増える。3年後には第2坑も採掘が始まり、出炭量は2倍に増加した。

❖炭鉱の爆発事故にも遭遇

順風満帆に見えたが、１９０３年4月1日、大任炭坑で爆発事故が起きる。九州から帰京したばかりの原に2日朝、電報が入る。「シボウ六一ニンノミコミ」。ガスの爆発である。火を消すためには炭坑を密閉しなければならない。追いかけるように電文が届く。「大事変ナリ一同奨励ノタメ是非オイデマッ」。現地の狼狽ぶりが分かる。

炭坑は崩落などのリスクが付きまとう。危険は承知していたとはいえ、爆発事故とは。多数の死者が出たことに原は衝撃を受けた。犠牲者の十分な対応を指示し、現地へ向かった。

火災が収まったのは1カ月後だった。死者は65人に上った。沈痛な思いで遺族を見舞う。悲しみを乗り越えて再開にこぎつけるが、翌０４（明治37）年2月、今度は日露戦争が勃発する。また採掘事業を縮小せざるを得なくなる。

明治30年代、日本の鉱業は大きく飛躍する。生産額は30年を１００とすると、10年後には約4倍に急成長する。原は九州で大任炭坑のほか、毛利家と共同経営の伊田炭坑、単独経営の仲津原炭坑、香春炭坑、小松炭坑など5、6カ所の鉱山開発に関わる。筑豊石炭鉱業組合調べ（明治30年末）によると、原名義の未開坑借区は6カ所計２４０万坪の広大な面積に及ぶ。鉱山開発を国家事業と捉え、どれほどの熱意で貢献していたかが分かる。

当然ながら三井や三菱といった大財閥が参入してきた。大資本で最新式の機械を導入して近代的な採掘手法を持ち込む。また日露戦争後は満州から安価な石炭が輸入される。個人経営は結束しないと対抗できない。

❖財閥参入、地元で炭坑会社設立し対抗

原は1907年に「豊前採炭株式会社」を設立する。地元の炭坑経営者や在京の実業家を集めて効率的な生産・経営を目指す。しかし、巨大資本には勝てず経営不振になる。超多忙で体調を崩していた原は、東洋汽船を新設した新興財閥の浅野総一郎を社長に招くがうまくいかず、5年後に解散した。

時代は「火力」から「水力」、さらに「電力」エネルギーへと移っていく。原の鉱山開発は思い通りにならなかったが、著名な実業家として一年の半分近くを九州に出向き、炭坑に詳しい地元有力者に協力を仰ぎ協業に努めた。以前は「山師」と蔑視、異端視されてきた炭坑経営者に耳目が集まった。社会的な地位向上に一役買ったことは間違いない。

実業家・原六郎の行動をみていると、ある共通項に気づく。銀行経営、鉄道設立、鉱山開発――いずれも近代日本の骨格づくり、今風にいえば社会インフラ整備に早くから着眼している。その信念があるから、忙しい時期にも他のさまざまな事業創設に没頭している。

❖日本初の東京電燈会社

電力会社の設立もそんな一つだ。1882（明治15）年3月、東京貯蔵銀行頭取に就任して

2年目の原は副頭取の矢島作郎（旧徳山藩出身の勤王の志士、のち英国で経済学を学ぶ）とともに、新興財閥の大倉喜八郎、三井の三野村利助、有力華族がつくった第十五国立銀行支配人の柏村信（毛利家家令）、元阿波藩藩主の蜂須賀茂韶に声をかけ、6人連名で「東京電燈会社」設立を出願する。同社は渋沢と大倉が中心になって設立したと記す評伝があるが、渋沢は関係していない。原の自伝に発起人連名の出願書の写真が載っている。

電灯照明については、原が帰国した（1877年）ころにアーク灯の試験が成功している。「エレキテル」の言葉が一般に認知され始めるが、まだ事業化を目指す動きはなかった。原も矢島もロンドン留学で電灯を知っており必要性はよく分かっていたので、思い切って会社をつくろうと考えた。原と親しい大倉と実業家横山孫一郎が同様のことを計画中と知り、2人に共同で事業化しないかと持ち掛けると、両人とも賛成してくれた。

すぐに銀座にある大倉組に会社の仮事務所を置き、出資者を広く集めるため発起人に三井物産の益田孝を加えて9人で再出願、翌年2月に認可された。原は横浜正金の頭取が内定して身動きが取れず、矢島を社長に選び、原と大倉、柏村が取締役になった。資本金20万円のスタートだった。

❖銀座で連夜の電灯見物

当時は市民のだれも電灯を見たことがない。出願書で電気のことを「社光線」と書く時代である。まだ会社が認可される前、大学で電気学を学び卒業したばかりの藤岡市助（岩国出身、のち「電力の父」と呼ばれる）にアーク灯20基をつくってもらい、宣伝も兼ねて銀座の仮事務所前に取り付けて点灯したところ、連夜にわたり電灯見物の人だかりとなった。

営業を始めるまでさらに3年かかった。帝大助教授を辞めた藤岡市助を技師長に迎え入れ、発電所を東京・茅場や麹町などに建設して86年7月に操業を開始した。横浜正金頭取で忙しい原が海外出張から帰ったころだった。電灯が知られるようになり、徐々に契約申し込みが増えていった。

それよりも世間を驚かせたのはエレベーターだ。1890年暮れに新築された12階建ての「凌雲閣」（関東大震災で倒壊）に運搬エレベーターが設けられた。7馬力の電動機で動かした。電気が照明だけでなく、動力エネルギーとなることに初めて気づいた人も少なくなかった。

ただ不幸なことに翌年1月、国会議事堂（現在の議事堂ではなく仮議事堂）が焼けてしまう。電気設備の漏電が原因といわれる。電気が少しずつ普及し資本金は20万から100万、130万円と増資していたが、火事の影響もあったのか一般需要が減り、減資せざるを得なかった。また開設されたばかりの国会の建物を焼失した責任を重く受け止めた矢島社長以下役員は原も含め全員が引責辞任した。

❖東京電燈会社の社長就任は固辞

その後、東京電燈会社は日清戦争が終わり再び電力需要が回復し始めた。そのころ原は横浜正金頭取を退いていたため余裕があるとみられたのだろう。蜂須賀公がしきりに原に社長就任を持ちかける。しかし、原は新たに帝国商業銀行会長に推挙され、九州での鉱山開発が忙しい時期でもあり、固辞し続けた。

同社は日露戦争後、需要の高まりから4本煙突の巨大な「千住火力発電所」を建設し、発足当初わずか百数十灯だった契約が10万近い件数に上り、大会社に発展する。原にすれば国家的事業が軌道に乗ればそれでいい、という心境だったろう。

❖日本最大の猪苗代水力電気会社設立

逆に自分が創出すべきだと思った事業は何年かかろうとじっと時を待つ。まさしく水力発電がそうである。福島・猪苗代湖の豊富な水量をどう活用すべきか考えていた原は、渋沢とともに「猪苗代水力電気会社」の設立発起人となる。1911（明治44）年、電燈会社が軌道に乗って20年後のことだ。

水力発電事業の創立へ向けて大倉のほか新興財閥の安田善次郎らを株主に誘い、自らは1万7000株を引き受ける。会社発足後、原は取締役に選ばれる。第1期工事で大量の水力から3万7500キロワットの電力を生みだし、日本最大の水力発電会社に成長する。100キロを超える長距離送電で関東圏の電力供給に大きく寄与する。のち東京電燈会社と合併した。エネルギーとして「電力」と「水力」を見ていたわけで、先を読む実業家の真骨頂である。

ちなみに大正時代には電力は熾烈な自由競争となり、東京電燈会社は、近畿や中部から東京へエリアを拡大する東邦電力とシェアの奪い合いを繰り広げる。昭和に入ると電力管理法ができて電力事業は国家統制され、東京電燈会社は結局、第2次大戦前に解散する。

❖横浜港の基幹整備

横浜正金の頭取時代に東京から横浜に移住したこともあり、地元の社会基盤整備にも力を注いでいる。

横浜は神戸とともに幕末に開港し、明治に入ると外国貿易の拠点となったが、港に本格的な埠頭が無かった。外国商船が来航しても沖合に停泊し、艀《はしけ》で積み荷や外国人が往来しなければならなかった。留学から帰った当時から気になっていた原は頭取就任の翌年、当時内務卿だった伊藤博文と松方正義大蔵卿に桟橋建設の必要性を進言している。建設予算の半分は民間から出資を募り、残りは政府が援助するか、あるいは神奈川県で起業公債を出す方法ではどうかなど具体的な提案をしている。

正金の信頼できる役員のほか、地元の有力実業家・茂木惣兵衛や原善三郎、平沼専蔵（3人は港を見下ろす現在の野毛山公園内にそろって別邸を持っていた）に声をかけて事業への参加協力を求める。原はすでにロンドンの専門技師に桟橋設計図を依頼していた。県知事は英国留学で親しくなった沖守固である。1886年8月。原ら一同9人で「横浜桟橋会社盟約」を結ぶ。横浜船渠《せんきょ》（ドック）会社設立の原点である。

設計図をもとに英人技師に再度調査を依頼した結果、桟橋だけでなくドックや倉庫も併せて建設すれば民間会社で採算が取れるとの判断になった。沖知事と再協議してその方向で進めることになった。そのころ、東京で同様の計画をしていた渋沢栄一が横浜案を知り、沖知事を通して連携話を持ちかけてきた。東京の計画は、桟橋建設は政府に任せドック中心の会社設立プランだった。そのころ復権した大隈外務大臣は桟橋など港の整備は国家事業で行うべし――

との考えを示していた。盟約メンバーも異論はなく、横浜と東京組で話し合いを行い、合同で設立することになった。

❖横浜船渠会社設立、社長に

1889（明治22）年4月、「横浜船渠会社」の設立総会が開かれた。発足人33人の内、創立委員として横浜側からは原ら7人、東京組は渋沢ら3人が決まった。桟橋建設は除外し、ドックと製鉄工場の建設および船舶の修理・新造を会社の目的とした。翌年には帝国議会の第1回総選挙があり内閣も慌ただしかったのか、認可されたのは2年後だった。

ようやく着工したものの、不景気により株式募集が思うように進まず、工事は遅れた。「発行株式6万株のうち発足人が3分の1、創立委員はさらに3分の1を引き受け、残りを一般募集する予定」（明治22年6月6日付、中外商業新報）だったが、うまくさばけなかったのか。工事を2度延期し、資本金払い込み期限も延長した。この間、横浜正金頭取の辞任や入院など公私ともに多難な原だが、ドック建設の熱意は衰えない。会社発足後は取締役となり、奔走する。

初めて労働者のストライキの洗礼を受けるなど苦労の連続だったが、ようやく2つのドックが落成したのは1898年。会社は右肩上がりに成長した。原は一度は断ったが、再度の推挙を受け大正元年から7年間、社長を務めた。のちに北米路線に就航する日本郵船「氷川丸」は横浜船渠で建造された。同船渠は現在の三菱重工横浜製作所である。

❖帝国ホテル建設に参画

帝国ホテルの設立には当初から関わった。

明治維新で外国人の往来が増えたが、賓客は鹿鳴館などで対応できるとして、一般の外国人の宿泊先は当時、築地のメトロポールホテルぐらいしかなかった。三田の蜂須賀別邸などを代替施設にできないか検討したものの設備など対応できない。欧化政策を進める薩長政府で外務卿だった井上馨は外国人向けホテルの新設（当初は東京ホテル）を決め、１８８７（明治20）年8月、在京の有力実業家を集めて建設に協力を求めた。

集まったのは、原のほか渋沢栄一、岩崎弥之助、安田善次郎、大倉喜八郎、横山孫一郎、益田孝ら著名な財界人ばかりである。とくに宮内省が計画に参加を表明したことから多くの共感が得られた。発起人は2万円を引き受け、資本金は20万、建築費は16万円。土地４０００坪は50年間無償貸借、２階建て――などの計画概要だった。

新設の帝国ホテルは９０年11月、鹿鳴館に隣接した敷地に落成、開業した。３層構造の建て延べ約600坪、客室数約60、館内に8カ所の浴室が設けられた。当初は有限会社で理事は渋沢、大倉、横山の3人。渋沢が会長に就任した。

翌年7月の臨時株主総会では増資とともに、理事の増員が決まった。新理事は原と益田孝の2人。益田は事情により辞退し、別の実業家に代わった。宿泊者数は順調に伸びて増築、1907年には築地のメトロポールホテルを合併し、株式会社帝国ホテルとなった。渋沢は退任して大倉が社長となり、原は引き続き取締役となった。

帝国ホテルは大正年間に火災に遭い、建築家ライトの設計で全面改築された。建て延べ5113坪、客室300余、15の大ホールを有する名建築といわれたが、建築費は予算の2倍以上、600万円かかった。

不足分の380万円は、なぜか原と大倉社長が個人保証で借り入れた。大倉は大倉商会や大倉土木（現・大成建設）の会社があるが、原はまさに個人の保証である。いずれにせよ、1924年まで30年以上も理事・取締役の任に当たった。

❖東洋汽船の創設に支援

発案者の心意気に共感して乗り出した国家的なプロジェクトがある。太平洋航路を切り開いた東洋汽船の創立（1896年）だ。

のちにセメント王と呼ばれる新興財閥の浅野総一郎（富山出身）が計画した。薩長閥と大隈・三菱派の政争に絡んで、海運業を独占していた郵便汽船三菱会社に対抗する共同運輸会社の設立に関わった人物である。対立を解消すべく三菱会社と共同運輸が合併（現・日本郵船）した後は、自ら「浅野回漕店」を起こすなど海運事業には思い入れがある。

当時、原は経営危機の横浜正金銀を立て直すため頭取の指名を受け奮戦中だが、浅野の活躍ぶりは聞いていた。

東洋汽船設立のきっかけは前年、ある会合で渋沢栄一が行った「海運拡張」に関する講演だった。近代日本の黎明期、海運事業の重要性について触れる中で、渋沢は次のように太平洋航路開拓の必要性を力説した。

❖渋沢の「海運拡張」講演に刺激受ける

「…国家は相当なる方法を以って定期の航路を設けて、更に進むことを務めなければ行くまいと考えます。其線路の重《おも》なる場所は何處《どこ》であるかというと今申す歌羅巴（ヨーロッパ）・豪太利（オーストラリア）・亜米利加（アメリカ）でございます。亜米利加線の如き相當の奨励に依るといっても船までも其営業者が造るとなると、甚だ為《な》し難いことであるから、国家は相當なる巡洋艦を造って之を契約上から貸してやらせるが至極宜き策ではなからうかとまで思います。（略）商売的の考えのみで言ったら或いは首を傾けるでありましょうが、国という観念から言ったら是非継《つな》きを附けたい。（略）一番国家に大利益があろうと思う」

要は、外国航路開拓は国家のため重要だが、民間で自ら大型船を建造して海運業を営むのは無理――と言っているのだ。

「面白い、やってやろうじゃないか」。話を聴いた浅野は回漕店を解散してすぐに準備を始める。同時に「参加しないか」と原に持ち掛ける。

❖国家的事業の心意気に共感

「無理かどうかではなく、やるべき事業だろう」。そのころ鉱山事業に精を出していた原は、採炭の海外搬送のことも頭に浮かび即座に承諾する。96年4月の設立発起人総会に参加して株を引き受け、創立委員の一人に選ばれる。

社長となった浅野は国家的大事業となるため財界の巨頭である渋沢の協力が要ると思い経営参画を求めたが、「日本郵船の重役をしているから」と断られる。再度プッシュしてほしいと頼まれた原は、翌月に第一銀行（この年に第一国立銀行は期間満了で普通銀行に転換）頭取室に渋沢を訪ね、取締役就任を要請したが、いろいろ理由を並べて固辞された。最後は根負けしたのか、渋沢は監査役を引き受けた。

東洋汽船は設立後、横浜の汽船会社を合併し、資本金750万円でスタートした。4、5千トンクラスの汽船8隻を調達し、日米間だけでなく日独、日露航路の開拓を目指した。航路の選定や汽船の建造発注で社長が海外渡航したため、留守中の事務統括は原に任された。

ただ創業時は景気が思わしくなく、取締役会で協議し、露油運搬予定のタンク船の建造は当分見合わせ、米国航路もカリフォルニア線だけに絞った。浅野は米国の郵船会社と交渉しカリフォルニア航路に参入する権利を獲得、英国で汽船建造を発注して帰国した。翌年には2本煙突の貨客船「日本丸」が横浜港に姿を見せると歓声が上がった。

一方、先行組の日本郵船会社は資本を増強して6千トン級の汽船18隻の建造計画と欧州、米国航路の拡大を目指していた。競争の激化が予想された。そこで、原は日本郵船のオーストラリア航路同様に東洋汽船のカリフォルニア航路も航海奨励法に基づく特定航路として特別助成金を政府首脳に対して働きかけ、うまく認可される。

❖「客主貨従」方針、当たる

当時、海外移民が増え始めた。ハワイなど移民の乗船を優先する東洋汽船の「客主貨従」方針が功を奏し、米船が独占していた太平洋航路を切り開き、マニラ、南米航路も開拓し、日本の海外貿易に大きな功績を残した。日露戦争中は船舶を徴用されて苦境に立ったが安田財閥の全面支援で乗り切った。大型投資が伴う海運業は戦争に大きく左右される。そのあとの第1次世界大戦後は再び経営難となり、ついに大正末、日本郵船に吸収合併され、その役割を終えた。渋沢に「無理」と指摘されたが、民間会社でありながら終始一貫、国家事業の心意気で事業が推進できた背後に、浅野を支えた原の姿を見ることができる。

❖2大製紙会社の富士製紙会社設立

悩みに悩んで、何度も断って、しかし苦渋のうちに社長を引き受けたケースもあった。明治中期、2大製紙会社の一つといわれた富士製紙会社（1887年発足）がその例だ。設立時に発起人に名を連ねた。日本銀行が誕生して紙幣制度も安定し、各種公債の発行など用紙の需要が大きく膨らんだ時代である。

抄紙事業は明治の初めから始まっていた。1873年に両替商の三井組、小野組などをバックに渋沢が東京・王子に「王子製紙会社（当初は抄紙会社）」を設立した。その後、需要の高まりで富士山麓一帯の森林を原材料に本格的な西洋紙製造工場を造ろうとする動きはあったが、実現しなかった。

その中心人物らがあらためて原や大倉喜八郎、安田善次郎ら財界の巨頭に協力を求め、富士製紙会社が設立された。本社は東京、富士の工場は機械パルプ製造を初めて採用し、最新設備の製紙会社となる。社長は河瀬秀治。原が帰国後すぐに富岡製糸場を視察した際にいろいろ便宜を図ってくれた、あの初代熊谷県令である。

会社設立から3年後に操業を開始する。時流に乗り、生産は順調に伸びて資本金は5年で4倍、15年後は40倍の規模になる。王子製紙に10年以上遅れたが、2大製紙会社となった。

原は発起人かつ有力株主となったが、経営にはタッチしなかった。一度監査役に推挙されたが、丁重に辞退した。さらなる社業の発展が期待されたが、社長が河瀬から甲州財閥の小野金六に交代してから内紛が起こる。

❖内紛が起き、業績低迷

1912年、大正元年のことである。反社長派の株主とのあつれきは年々激しくなって経営が行き詰まり、株価が暴落する事態となった。創立時のメンバー3人が原に仲裁を願いに来た。前年末から体調を崩し入院したときだ。新役員の選考委員になってほしいとのことだった。要は新しい社長の選任役を求められた。

これを伝え聞いた小野社長は一層対立を深める。原は小野社長を東京に招き説得するが、ラチがあかない。退院したばかりだし、これでは選考委員は断るしかないと思った。

すると翌々日、小野社長が原を訪ねてきた。あらためて仲裁の感謝を述べた後、名義上でも構わないので原が社長を受けてくれるなら自分は潔く退く。他の人間が社長になるというなら、絶対辞めないという。困り果てた原は創設呼びかけ人の一人に選考委員交代を打診したが、原よりも高齢で逆に頼み込まれる。

万事休す。考えた末、もしも自分に何かあれば次期社長の任命権を持つことを条件に社長就任を引き受ける。ようやく内紛が収まる。実業界に対する最後の奉仕のつもりだったが、業績の挽回は容易ではなかった。

❖病気押して社長受け、立て直す

富士製紙が日本興業銀行の保証で英国の会社から受けた融資の返済期限が迫るが、同銀は保証の延長は認めないという。原は松方元首相や高橋是清大蔵大臣に事情を説明し善処を依頼するが、同銀は頑として受け付けない。

なんとか融資の返済を進める一方、ツテを頼って三井系の若手実業家窪田四郎を次の社長含みで専務に迎える。全責任は自らが負う覚悟で、次期社長候補が思うとおりに力を発揮できるよう仕事を任せた。第1次大戦勃発の時の運もあったが、窪田は俊敏で才覚ある経営を行う。原材料を積極的に仕入れ、需要を的確につかみ、利益は急回復する。3割前後の配当ができるようになった。王子製紙と並び立つ大会社によみがえった。

6年後、原は何の憂いもなく窪田専務に社長を譲った。

❖政治団体「自治研究会」の会計方に

原は事業会社とは異なる政治、経済団体や投資会社の設立にも力を貸している。いずれも渋沢と行動をともにしている。なかでも政治団体は原にとって異質である。なぜ関わったのか。

1888年秋、農商務大臣の井上馨が呼びかけた「自治研究会」に渋沢、益田らとともに加わる。春に新しく市町村制が決まり、板垣退助の自由党や大隈重信の改進党に対抗し、市町村を基盤とした新政党の設立をもくろんだ団体である。

準備会で自治研究会の機関紙をどうするかなど話し合われ、原と渋沢は会計方となった。今でいえば、政治団体の資金担当である。「三菱は改進党の金穴、横浜正金は薩長政府の金穴」と揶揄されたころである。正金の頭取だった原は政争に巻き込まれて辟易し、用心しているはずなのに。

井上とはロンドン時代から知り合いだが、渋沢、益田と井上は原よりもっと付き合いが古く、3人は大蔵省時代から仲が良い。渋沢や益田に引っ張られて参加したのだろうか。

第1回総選挙は2年後に控えていたが、案の定、当時の黒田清隆首相や山縣内務大臣らは、政党争いを増幅させかねないと自治研究会に冷ややかだった。結局、研究会は立ち消えとなり、井上は農商務大臣辞任を申し出る。90年7月に初めて行われた総選挙で自由党と改進党は躍進する。原の正金頭取辞任は、結局はそんな動きにも連動していったのだろう。

総選挙の後、原は兵庫県の当選議員11人を晩餐に招待している。そのときの日記が残っている。「……実に殺風景な連中なり。如斯《かくのごとき》ものが国会議員とは驚き入りたる……」。知り合いが何人かいたが、八つ当たり気味に酷評している。この11人とは別で、のちに「反軍演説」で有名になる但馬出身の国会議員、斎藤隆夫は同郷のよしみで書生時代から長く支援したが、自身の出馬要請は一切拒否し、ますます政治嫌いになる。

❖商況社で経済専門紙を育成

渋沢や益田とともに1889（明治22）年につくった投資会社「商況社」は、経済専門新聞の育成、発展に一役買った。

原がまだ英留学中の明治9年、益田が中心となって英国の「エコノミスト」誌をまねた週刊「中外物価新報」が発刊された。経済活動が盛んになるにつれて購読者も増え、発行回数は週刊から日刊となった。内務省から補助を受けていた。

原は第百国立銀行の頭取時代、渋沢がつくった銀行団体「擇善会」に入会した際に経済情報誌の重要性を訴え、「理財新報」の発行を実現させた経験がある。ロンドンで経済新聞を知るだけに、発行基盤を安定させる大切さが分かっていた。

有力者が投資した商況社が「中外物価新報」の発行元となる仕組みを考えた。当初は投資団体だったが、新たに新興財閥の大倉喜八郎や浅野総一郎らが加わって合資会社となった。経験豊かな編集者を迎え入れ、名称も「中外商業新報」と改めた。発行部数は順調に増え、原の予測は当たった。のちに編集主幹に経営権を無償譲渡し、商況社は解散した。中外商業新報は、今日の日本経済新聞のルーツである。

❖先見性示す幻の「傳話会社」

実現はしなかったが、起業家としての先見性を示す会社設立構想が二つあった。一つは「傳（伝）話会社」である。現在の「電話」のことだ。

エジソンが電話を発明したのは1877（明治10）年、原が留学から帰国した年だ。日本でもすぐ話題になり、原らは数年後には「傳話」事業を民間経営で取り組もうとした。当時、電信は官営と決まっていたが、電話については政府は何ら規定を設けておらず、会社設立を容認した。

1884年11月、原と渋沢、益田孝、川崎正蔵ら6人の発起人が日本橋に集まって、先に設置願いを出した「傳話会社」の定款や予算について話し合った。設立へ向けて東京や大阪、横浜の有力者をさらに10人ほど発起人に加えようとの結論に至った。3年後に専門技師を米国に派遣して電話の研究を急いだ。

当初は政府も事情がよく分からなかったのだろう。世界の急速な普及を知り、その重要性に気づいたのか、急きょ官設の方針に変更し、設置願いの取り消しを伝えてきた。これでは前に進めない。民間の「傳話会社」は実現には至らなかった。

もう一つは1893（明治26）年、「身元保証会社」の設立発起人になったとの記録がある。

発案はその2年前のようだ。英国に滞在中、日本に居る同郷の池田謙三（のちに第百国立銀頭取）の間で設立会社の名称についてやり取りしている。当初は「身元保険会社」で了解していた原が「身元保証会社」の方が良いと伝えたことが日記に記されている。

帰国後、安田善次郎と設立を話し合ったらしいが、具体的なことが分かる資料は残っていない。安田相手ならば、生命保険会社の設立話かもしれないが、「保険」ではなく「保証」の名称がふさわしい——としているところがひっかかる。

年代的には横浜正金頭取を辞任し、鉄道などさまざまな分野の事業創立、起業に忙しいころだ。有能な人材を集める方法を考えていたのか。いまの「人材紹介業」的な取り組みだったのか。気になる「幻の会社」である。

Ⅵ 第2の転機 結婚

❖ 47歳で再婚、見合いで一目ぼれ

海外留学から帰国して矢継ぎ早に3つの銀行頭取に就任し、財界を代表する実業家の名声を得た原は、横浜正金銀の頭取時代に結婚し、人生第2の転機を迎える。

相手は土倉《どくら》富子。奈良・大和の山林王と呼ばれた土倉庄三郎の長女で、同志社女学校で学んでいた。庄三郎は「自由民権運動のパトロン」ともいわれ、板垣退助ら非薩長閥の政治家を支援した。新聞社を支援し、教育熱心で富子を含め11人の子どもの多くを同志社で学ばせ、新島を援助した。大隈とも親しかった。

実は詳しい記録がなく時期ははっきりしないが、原はかつて遠縁にあたる女性と結婚していた。一女をもうけたが、横浜正金の頭取になったころに故あって離婚した。

独り身を心配した松方大蔵大臣や主治医らが再三、縁談を持ちかけたが、応じるそぶりはな

かった。頭取としての激務や多方面での起業活動で家庭を再考する余裕がなかったのかもしれない。

設立が決まった山陽鉄道の用件で１８８７（明治20）年2月、神戸を訪れた原は、京都府知事になった北垣国道から立ち寄るよう誘われた。その際に土倉家の良縁話を紹介された。北垣も同志社を京都に受け入れるなど新島を応援していた。当日の夜、北垣邸で開かれた晩餐会に同志社の女学生らが招かれており、その中に富子が居た。粋な「お見合い」である。

北垣は6歳年上で勤王の志士として生死の境をともにした親友だ。その薦めだけに素直に受け止めた。いや、原の一目ぼれかもしれない。縁談話はとんとんと進み、翌月に大阪で北垣同席のもと父親の土倉庄三郎と面談する。土倉は縁談に異論はないが、まだ学生のため卒業まで待ってほしい、本人の意思も確かめたいと言う。原はもっともな話とうなずいた。

❖米国での縁、新島襄の祝福

結納はその年10月15日、結婚式は翌８８年2月25日と決まった。原は数え47歳、富子20歳である。結婚を聞いた神奈川県知事の沖守固は喜び、北垣と二人して準備に奔走する。式は京都の料亭「中村楼」で開かれた。媒酌人は北垣夫妻で、挙式は純洋式で行われた。披露宴は立食の形式、二人はウエディングケーキに入刀した。新島襄が司式を行った。

滞りなく式を終えると、忙しい身ながら数日を京都で過ごし、大津から名古屋を回って横浜港へ、途中下船しながら１週間ほどの船旅を楽しんだ。

それにしても、原は不思議な縁を感じた。新島とは米国で偶然出会っていた。ボストンに着いたばかりのころだ。同じ留学生だった池田徳潤とのつながりで会ったことは前に触れたが、当時は「原長政」と名乗ったようで、同一人物と気づいて新島は驚いたらしい。同志社を創立し、今や敬虔なクリスチャン。教育界で注目を集める存在である。まさか、司祭として自分の結婚を祝福してくれるとは想像もつかなかった。

病弱な新島の体はかなり蝕まれていた。何度も倒れ衰弱しているのに大学設立のため走り回っていた。

❖同志社大学設立を支援

結婚式を終えた４月の日曜日、井上馨邸で同志社大学昇格支援の有志会が開かれた。青木周蔵や野村靖（第２次伊藤内閣の内務大臣）、陸奥宗光ら政治家グループ、原や渋沢、益田孝ら財界グループ、原と親しい神奈川県知事の沖守固らが集まった。

新島は大学設立の意義を熱心に説明したが、途中で体調が悪くなり、中座した。付き人に支えられながら帰る後ろ姿に参加者は心配したが、新島の新大学には賛成し、東京で集める募金について話し合った。

会合のあとの晩餐に原は参加せず話す機会もなかったが、参加者の野村靖は、「生野の義挙」の際、藩士の応援や武器の提供を約束した長州藩の野村和作である。約束は果たされず、みんなが走り回っていたとき、芸者をあげて遊んでいた。応援がない中、多くの若者が無念の死に追い込まれた。原は「いまは政治家か」と腹を立てた昔を思い出した。

新島の回復を待って、早稲田学校を設立して新島と仲が良い大隈外務大臣を交えて再度話し合うことになった。7月に機会が訪れ、大臣官邸に集まった。

この日、募金額が決まった。大隈と井上は各1000円、益田孝と大倉喜八郎は各2000円、三菱創業者の岩崎弥之助5000円、三菱3代目総帥の岩崎久弥（弥之助の息子）と平沼八太郎（横浜の実業家平沼専蔵の息子）各2500円、原と渋沢はともに最高額の6000円を提示した。他も合わせて総額は3万1000円となった。6000円は現在の価値に換算すれば1億円を超える。

❖新島襄の臨終に立ち会う

妻の母校であり、岳父土倉が支援する新島の同志社に、原は最大限の援助の手を差し伸べた。新島はどれだけありがたいと思ったことか。もう少し頑張らねばと故郷の上州（群馬）で資金募集中に心臓発作でまた倒れた。直ちに温暖な湘南・大磯に移り療養に努めたが、１８９０（明治23）年1月23日、ついに帰らぬ人となった。享年46。原は支援者の一人、徳富蘇峰から前日に「危篤」の報を受け、急いで大磯に駆けつけ、臨終を見守った。これまでの感謝と見守りを願う原あての遺書が残されていた。

新島　襄（※）

新島の死後も遺志に応え、原は明治末には同志社大学に2階建ての寮を新築、寄贈する。当初は「原学寮」と呼ばれ、のち「文化学科研究室」（通称・北寮、現学生会館の場所）となった建物で、昭和半ばまで多くの学生に利用された。「同志社人物誌40」にその名が残る以外に、いま校内に「原六郎」を偲ばせる足跡は何もない。

❖ 横浜で新婚生活始まる

富子との新生活は横浜・野毛にある邸宅で始まった。原は相変わらず忙しい。結婚前年の日記によると、半年間で自宅と東京間を95回往復している。2日に1回のペースである。これとは別に山陽鉄道の準備で神戸にも頻繁に出張しており、ほぼ毎日、東京や神戸へ出かけていたことになる。結婚後もほとんど変わらない。

通勤は馬車と鉄道の乗り継ぎである。自宅には一頭立ての馬車がある。出かけるときは従者が馬にまたがるのではなく、本人が乗る。従者は馬車席、住み込みの書生は馬車席の後ろにぶら下がる。せっかちな性格なのか、原は思い切り鞭を打つ。でこぼこ道であろうがお構いなしだ。まさに飛ぶような走りっぷりで振り落とされないか、生きた心地がしなかった——と、書生の言葉が残っている。

横浜駅に着くと書生はすぐ電報で関係先に新橋駅の到着時刻を知らせる。横浜正金の頭取を退くまでこのパターンが続く。

頭取辞任の意思を固めた８９年の年末、自ら買い求めたのか、水仙の株を土産に持ち帰った夜、長女多喜子が生まれる。年が明けると新島が亡くなった。富子は天に祈りをささげる日が続いた。吉報と訃報が交錯する年末年始となった。

❖新婚旅行兼ね半年の欧米旅行

頭取を退いて少しゆとりがもてるようになった1891（明治24）年夏、3回目の欧米旅行に出かける。半年間の予定で、新婚旅行を兼ねた。7月16日朝、横浜港には大勢の人たちが見送りに来てくれた。赤ん坊の多喜子を預かった土倉夫妻も手を振ってくれる。出航翌日も晴天で乗客は海原の景色を楽しんでいるが、すぐに船酔いした富子は何も食べられず船室で横になったままだった。1週間ほど経って回復し、ようやく笑顔を見せるようになった。30日、カリフォルニア港に着く。ニューヨークまでゆっくり観光旅行を楽しみ、米国留学している富子の妹、政子（のち内田康哉外務大臣の妻）と会う。富子は政子に刺激されたのか、語学習得を兼ねてしばらく滞在したいという。

だが、富子の心は揺れる。米滞在と決めた数日後には一緒にロンドンに行くと言い、翌日はまた米国に居たいと申し出る。二転三転している。原は世話になった教授がいる英国で一緒に逗留しようと思ったが、押し付けることはせず辛抱強く耳を傾け、富子の願いを優先させた。

結局、米国に残ることになり、原は9月2日、独りで渡英した。「見送りに来た富子とハンカチを振り合う。寂しい」。そのときの心情を日記に書き残している。

英国到着後、米国で学校に入る予定を変更してホームステイすると知らせてきた富子を心配して毎日のように電報や手紙を送り、時にはロンドンの写真を同封している。原の日程を細かに知らせ、春には互いに帰国しよう等々、連絡を取り合っている。富子のことが気になってしようがない。

渡航日記は日を経るごとに英語と日本語が混在し、銀の価格や為替をチェックしたり、正金銀からの問い合わせが来たり。日本企業の海外支店とやり取りし、日本から届く新聞を丹念に読んでいる。山陽鉄道の進ちょく具合を知らせる連絡が入り、兵庫県から領事館あてに原の所在確認を求めてきたこともあった。気候の良い日、気晴らしに自転車に乗る。初めての体験だが、その快適さに驚き、帰国したらまた乗ろうと思った。

❖日印貿易の道筋つける

帰途は「12月28日、孟買（ボンベイ、現・ムンバイ）に入港」と日記に記す。インドに立ち寄り、日印綿花輸入の道筋をつけることに成功している。

ムンバイで会ったのは実業家2人。うち1人は当地の豪商ターター商会、現在のインド大財閥、タタ・グループである。面会したのは創業者の息子と思われるが、綿花栽培から紡績工場に拡大発展していたころで、綿花の日本輸入の約束を取り付ける。それがきっかけで日本郵船のインド航路が開け、タータ商会は横浜に支店を置き、日印貿易は拡大していく。

横浜を出発して７カ月後の１８９２（明治25）年２月末、帰国する。先に帰国していた富子と久しぶりの再会である。だが、神戸港に上陸して土倉夫妻と待ち合わせた場所に富子が居らず、原はがっかりした。富子は夕刻４時ごろ、おっとり姿を見せた。原の神戸帰港は早朝４時。どうも午前と午後を間違えていたらしい。芯が強そうでどこかおおらかな性格の富子に、原は苦笑しながらも惹かれていく。

❖頭取を退いても存在感、社員から信頼される

長期の海外旅行から帰るのを待ちかねたように正金銀は、原が帰国した翌日早朝、取締役会を開く。頭取を退いても懸案事項は原の判断を仰いだ。

この日も次期役員体制、配当額、滞貨の対応など多くの緊急事項が保留となっていた。原は帰朝報告は後回しにして、取締役は増減しないこと。配当は従来通り。滞貨準備金の増額——など次々と進言し、役員会の決定事項となった。身分は取締役なのだが、頭取の園田孝吉がたびたび辞意を漏らしており、実権は原に委ねられていたのだろう。取締役会だけでなく、社員の信頼も厚く、頭取を飛び越して原に相談することがあった。

帰国してから2年後のことだ。日清戦争の最中、新しく赴任する英国公使の見送りに横浜に出向いた原に、社員の代表が待ち構えて、面会を求めた。「今の賞与の配分を改善し、月給を増やしてほしい」と待遇改善の訴えだった。

再建の苦労を一緒に乗り越えてくれた社員の真剣な眼差しに、なんとかしてあげようと思った。頭取のほか経理の関係者らに善処を求めたが、役員会ではかなり強い反対論があったらしい。それでも役員会を説き伏せ、翌春の臨時株主総会で賞与基準を引き上げる形で社員の待遇改善を図った。

❖3万坪の広大な品川・御殿山に転居

帰国後しばらくして、横浜の原邸を後任の正金頭取・園田孝吉が訪れた。元老の西郷従道（西郷隆盛の弟）が所有する品川・御殿山の売却話だった。井上馨が買い手を探しているという。江戸時代、将軍が鷹狩の休憩地にしていた名所である。品川の海を見渡せる高台で、緑に囲まれた3万坪の広大な敷地だった。

御殿山エリアの地図

現在のＪＲ品川駅の南西、「御殿山トラストシティ」と呼ばれる一帯だ。21階建てのビジネスタワービルとマリオットホテル、キリスト教幼稚園などがある。周囲2キロの散策路に囲まれており、朝夕のジョギングコースや都民の散歩道として親しまれている。今はさすがに海は望めない。

御殿山では維新のころ、当地に建設中の英国公使館が焼き討ちされる事件が起きた。長州藩の血気盛んな若手グループの仕業で、指揮は高杉晋作、火付け役は志道聞多《しじぶんた》と伊藤博文だった。志道聞多とは、井上馨である。焼き討ちの焦げ跡が残る古木があったらしい。自らも勤王の志士だったことに思いをはせたのか。「萬延の頃我庭に英國公使館ありし時志士の襲撃放火し焼け跡のこれる老木を見て」と前置きし、原は一首詠んでいる。

ますらをかむかしふるひしやまたちの
跡そのこれり庭の老木に

現在の御殿山エリア。御殿山庭園から
東京マリオットホテルを望む

御殿山庭園内にある原の胸像

井上や伊藤にこの歌を披歴したかどうか、記録は残っていない。

広々とした御殿山を見て、原はすぐ気に入った。正金頭取の時代から体調を崩しがちで主治医から治療に便利な東京に居を持つよう勧められ、築地の別邸に泊まることもあり、いい機会と思った。夏に一家で移り、とりあえず西郷の旧邸宅を本宅とした。

御殿山は江戸時代から春は桜、秋は紅葉の名所として知られ、錦絵にも描かれた。移り住んでからは毎年、観桜、観楓の園遊会を開き、大勢の友人知己を招いた。二人三脚で日本の財政を築き上げた松方伯も来てくれた。

安住の地と思った原は、家族のほかに住み込みの書生や行儀見習いで知り合いの娘らを預かるなど家が手狭になったことから2年がかりで新邸の建設や庭園を大改造した。

❖横浜市の水道事務所長を辞退

これを機に横浜へ出かけることが少なくなった。横浜は昔から水事情が悪い。河川から木組みの管で導水して水道を引く試みがあったがうまくいかなかった。81年には大火に見舞われて大きな被害が出た。横浜正金の頭取になってから旧知の沖守固知事に頼まれ、政府に働きかけて補助金を引き出し、鉄管の水道整備について積極的に協力した。

その後、地元の整備に尽力する姿勢が信頼され、市の水道事務所長に任命され、水道会計の抜本改革案も提言した。水道整備を最後まで見届けられず残念に思ったが、所長の職を辞退した。新築した野毛の邸宅は正金を長年支えてくれた専務に譲った。

❖御殿山に近江の園城寺書院をそのまま移転

いまでは考えられないが、明治初めの「廃仏毀釈」で各地の寺社が経済的に苦境となり、貴重な美術品が海外に流出する恐れがあったため、由緒ある石塔や建物の売却申し出が少なくなかった。御殿山の新邸に合わせて庭園には、近江・園城寺（三井寺）の足利時代の書院造り「日光院客殿」を買い取り移築した。70畳敷きの大きな建物で、慶長年間に修復した痕跡があったため「慶長館」と名付けた。

文化財クラスの建物を譲り受け、そっくり移転するのはびっくりするが、理由があった。原は当初、日光院の障壁画を譲り受けるつもりだった。室町時代の絵師狩野元信（１４７７—１５５９）ら狩野派の47幅に及ぶ作品群である。ただ壁画がある建物そのものの傷みが進んでいたため、寺側から「建物ごと」と要望され、買い取ったのだった。

このほか兵庫・播磨にある名刹、鶴林寺の五重塔「多賢塔」や山門なども引き取った。原は御殿山に移住したころから本格的に古美術の収集を始めたようで、文化庁が重要美術品と認定する梵字を刻んだ「曼荼羅石」と呼ばれる経塚はいまも御殿山に置かれている（原美術館ARC「原六郎コレクションと観海庵」図録より）。

１８９６（明治29）年春、大庭園の完成披露を兼ねて開いた園遊会には能狂言や舞い、玉乗りなどの余興、陸軍軍楽隊の演奏があり、花火が打ち上げられた。園内には行燈１５００個がぶら下げられ、政界や財界、米国など外交官ら５００人が招かれたという。

❖御殿山で四半世紀過ごす

御殿山には明治25年から大正初めまで四半世紀近く住んだ。北隣りには三菱の岩崎弥之助別邸（現在は三菱迎賓館「開東閣」）があり、反対側は三井物産の益田孝の邸宅があった。横浜正金以降の金融界や全国の鉄道設立、電力や海運業、九州の鉱山開発など主な事業活動は大半、この地に居を構えていたときである。

1892 年頃、妻の富子、長女多喜子と（◆）

御殿山で原は６人家族となる。子ども４人はすべて女の子である。長女多喜子は横浜生まれだが、次女登世子、三女美與子、四女多津子はいずれも御殿山で生まれ育った。不在のときが多かった原に代わって、家のことは妻の富子が取りしきった。あまり表に出ることはなかったが、「良妻賢母」と評判だったらしい。

明治後半、各界の賢夫人を紹介する『名流百家・家庭の模範』（明治38年発刊、東京・博文館）に取り上げられた。華族や政財界の４部門ごとに7～８人ずつ載っており、実業家の部で一番目に登場している。女性記者が発刊の前年ごろか、富子をインタビューしている。家族の様子や日々の暮らしぶり、子育て方針などが話し言葉で書かれている。

和装で現れた富子は取材の間、笑みを絶やすことはなかった。家にはお手伝い４人と、執事や園丁（庭師）ら８人が住んでおり、みんなの世話や、子どもの教育も気になるので、ほとんど社交界へ出ることはないという。

❖ 女の子４人を育て「良妻賢母」の夫人

「４人の女の子は16歳を頭に11歳、４歳と今年生まれた乳飲み子です。上は築地の小学校で３年、あとは自宅で家庭教師をつけ、華族女学校に入りました。華族へ嫁入りさせるつもりはないので異論を唱えましたが、少しは交際上の事も慣れさせるのが宜しかろうと（原が）申すので、ついに私が負けました。同志社は堅過ぎた教育で自分でも承知しておりますが、私は当世流のハイカラより、むしろ武士気質の昔風を娘どもの精神にしみ込ませたいのです」

新年の日曜日には必ず家族一同で教会に行き、毎日一章ずつ聖書を読み合うクリスチャンの一方、古風な考えを持っている。

六郎についても語っている。

「主人は誠に忙《せわ》しい体で、たいてい留守がちでございます。今朝も九州の炭山の方へ出張しました。出張先からは毎日のように電報や手紙があり、暇があれば和歌などを贈答します。以前はかなり遊んだこともあったようですが、私が参って（結婚して）からは一度も外泊したことはなく、出先で不意に会食するときは必ず電話をよこします。芝居が大好きでしたが、私が大嫌いというと全然行かなくなりました」

「子どもたちには自分の部屋の掃除や髪結い時には肌着の洗濯もさせます。一家の細かい事や子どもの教育には少しも構いません。安心して任せてくれます。また主人は西洋風の人で、人とはたいてい外で会ってくれるので来客の食事の用意をすることはあまりありません。ただ田舎から泊り客が始終あり、毎日のように御膳を段取りします。（以前は）コックを雇っておりましたが、いまは主人の注文によって及ばずながら何様《どう》か斯様《こう》か料理を間に合わせております」。富子の役割がよく分かる。

❖原の人物評1　一つの仕事に満足せず、人から頼まれると断れない性格

原はどんな人物だったのか。何人かの人物評が残っている。

何度も就職を世話してもらった元横浜正金副支配人の鍋倉直（鹿児島出身）は「第百銀に頼んで入れてもらいながら2年で辞め、また頼み込んで正金に入れてもらった。原氏は決して一つの仕事では満足しない人で、いろいろな仕事を自ら計画し実行した。自分で成し遂げないと納得せず、他から指図されるのは嫌いだった。人付き合いはあまりうまい方ではなかったが、人から頼まれると断り切れず、帝国商業銀行のように引き受けた以上はしっかり役割は果たす人だった」と話している。

❖原の人物評2　藩閥に関係しない立志伝中の実業家

ロンドンで出会い、山陽鉄道開通で協力した当時の山口県知事・原保太郎の談。

「留学生はみんな政治家や軍人を目指していたのに、六郎君は最初から銀行や事業のことば

かり勉強している、異色の存在だった。東京に居たころは熱海の別荘へ泊りに行ったり、城崎温泉に行ったり親しくしたが、当時は藩閥なしで官職に就くのは不可能なだけでなく、実業界でも非常に困難だった。六郎君はまさに立志伝中の人物であり、明治初期に名を成した実業家の中では特質の存在だった」

❖原の人物評3　思う存分任せてくれ、かばってくれた

富士製紙専務に抜擢された窪田四郎の評。

「三井物産に勤めたので恩義がある益田孝氏を通してなら分かるが、別人の紹介で翁とは全く面識がなく、なぜ招かれたのか分からなかった。とにかくお前の親類とも相談したから来てくれ、と言われ承知するしかなかった。友人から『原という人は実業界で鞅掌《おうきょ》（忙しくて暇がない）の人だけにやかましく女房役は大変』といわれたが、想像とは大違い。思う存分やってくれといわれ、干渉がましいことは何も言われなかった。重役会議で私が糾弾されかかると、原さんはぬっと立ち上がり、腕まくりをして『専務には私がやらせている。それが悪いというなら出てこい』と非常な剣幕でかばってくれた。4、5年の付き合いだったが、偉い人だった」

❖原の人物評４ せっかちで無邪気で、心遣いのできる人

原は晩年、和歌が好きで歌集を出し、書画も好んだ。民俗学者柳田國男の実兄で、歌人・国文学者の井上通泰がその思い出をつづっている。

「翁とは師弟関係ではなく友人である。私は門人以外の歌は見ないことにしているが、翁は特別だった。せっかちで、いつも忙しそうに来て歌を見てもらえばすぐ帰る。ある時、電話で『いま歌が出来たが、先生どうでしょう』というから、電話で添削を乞うとは神武天皇以来ないことだと叱言をいった。すると翌日やって来て『先生、神武天皇以来とはあまりにひどいじゃないないですか』と笑って、いつも通り、すぐ帰った」

「翁は無邪気なところがあった。書画もよく一緒に見に行ったが、あの性急な人が会心の作の前ではじっと見入って動こうとしない。気に入った作品は必ず買った。いわゆる富豪といわれる人は、これは幾らで買った、いいだろう――とその価格を自慢するものだが、翁は作品の良しあしは口にしたが、値段については一度も聞いたことがない。実に真摯熱心な態度だった。

大正５年ごろだったか、久しぶりに自宅に伺った際、奥さんが『井上先生が来られましたよ、覚えてますか』と言うと、翁は『先生を忘れるものか。近ごろ、家内が私を子ども扱いして困ります』と笑いながら話されたことが、印象として残っている」

「私が20年がかりで『万葉集新解』の発行を計画していることを知り、支援の申し出を受けたことがあった。不朽の事業なのに宮内省（当時）はなぜ補助しないのか、と聞かれた。歌人の活動で金銭を心配してくれたらしい。眼科医の仕事をしているのでなんとかなる、ご厚志だけ——と辞退すると、では普段の研究を応援したいと言われたが、これも固辞した。納得できない顔をして引き揚げられたが、引き受けてもらえば良かった」と冗談を交えて語っている。

❖好奇心強く、自転車や古美術、和歌など趣味に熱中

原本人の私生活はどうだったのか。

横浜正金の頭取時代に激務で体調を崩して以来、健康に気を付けるようになる。御殿山に移ってからは庭園で毎日朝早くゴルフのニッカポッカのような格好でまき割りにいそしんだ。志士時代から馬には慣れていたが、いまでいう乗馬クラブ「京浜遠乗会」の会長となり乗馬に励む。結婚後のロンドン旅行で初めて自転車に乗り、気に入って帰国時に2台持ち帰った。上野公園や本郷、王子あたりを乗り回した。いまの歌舞伎座横の木挽町あたりでフロックコートにシルクハット姿で乗っていて、3匹の犬に追いかけられた。左すねを噛みつかれ、大けがをしたこともあった。シルクハットの格好が犬に怪しまれたのかもしれない。

狩猟に凝り、免許を取って池田家当主の青山の狩場に毎日のように出かけた時期もあった。山陽鉄道に関わり関西へ行くことが増えた時期からは古美術に興味を持ち、のちの美術コレクションを生む。60歳を過ぎたころからは謡曲や和歌に関心を持ち、習っている。歌人として名高い井上通泰に出会ったのはこのころである。

歌集に掲載された晩年の原（◆）

❖美術品を集めてコレクション

原は関西を訪れた際には京都や奈良に足を延ばし、書画、絵画、陶器など広い範囲で気に入った美術品を次々と買い求める。

御殿山に近江の園城寺（三井寺）から移築した書院「日光院」（慶長館）は70畳の広間があり、そこを美術品の展示場所にしていたらしい。大正５年に原邸でイエール大学同窓会が開かれた際に参加者を慶長館のコレクションに案内したと自伝に記されている。

「書画などを用意せしも観識者一人も無し。渡辺崋山には驚きし人あり」。この日のために狩野派の掛物、円山応挙の巻物の書画、仏像など自慢のコレクションを飾り付けたが、来訪者の関心のなさを嘆いている。

参加者が興味を示した渡辺崋山は三河国（名古屋）の田原藩家老で、「蛮社の獄」に巻き込まれて切腹に追い込まれた画家・文人として知られる。原が収集した作品は「黄粱炊図」（天保12年作）のことだろう。

現存する「原六郎コレクション」は約１２０点だが、最盛期にはもっと多かったとみられる。いま東京国立博物館所蔵の「狩野長信筆花下遊楽図屛風」「金大受筆十六羅漢図軸」の国宝２点、「華厳五十五所絵巻残闕」「木造地蔵菩薩立像」「紫地唐草文印金九条袈裟」の重要文化財３点は、いずれも原六郎コレクションの旧所蔵品リストに挙がっている。いかに貴重な美術品が多かったかが分かる。

ただ原は晩年、御殿山を離れて熱海の別邸「観海楼」に暮らすようになると、コレクションに執着することはなくなった。家督を譲った邦造にあっさり収集品を委ねてしまう。美術コレクターとしても名高い実業家益田孝が最後まで貪欲な収集家であったこととは対照的である。

❖後継ぎと事業の整理

長女多喜子が20歳となった１９０９（明治42）年末、結婚する。北垣国道が大阪の人物を娘婿として紹介してくれた。田中邦造改め、原邦造である。やっと跡継ぎが見つかった。

翌年以降、国家的プロジェクトとして支援した東洋汽船のほか東上鉄道（現・東武鉄道東上線）、横浜船渠会社の各取締役辞任、鉱山開発の撤退など関わってきた事業の整理を始める。相前後して、青年期に学んだ青谿書院の財団法人化の支援、日英博覧会開催の発起人、恩賜財団済生会（現・済生会病院）評議員や社団法人日本工業倶楽部の援助など財界重鎮として公的な依頼ごとが増える。

原は１９１１年暮れになって大病をする。１カ月半入院し、年が明けて退院した。70歳。古稀を迎えて、体力の衰えを実感する。２月に家族が銀婚式を祝ってくれた。内紛の富士製紙でやむなく社長を引き受けたのはこの年である。もう一線からは退かなければと、強く感じた。

１９１２～１４年にかけては養生を兼ねて比較的ゆったり過ごす。１３年は久しぶりに家族で城崎温泉に行く。秋には京都で、「大和の変」に絡み追放された攘夷急進派7卿の祭もあり特別会員として招かれる。ほろ苦い思い出であり、家族と過ごす喜びを感じる。

❖金本位制では松方と意見対立

明治後半になると金融に明るい財界人として国の経済政策に意見を求められることが多かっ

た。とくに1897（明治30）年の金本位制移行に関しては、原の発言は世間から注目を集めた。これまで日本の財政政策を二人三脚で進めてきた松方正義（当時は内閣総理大臣）と意見が対立し、原は正面から金本位制に反対を表明したからだ。

明治政府は近代国家づくりを急いで明治4年、新貨条例をつくり1円貨幣を「正貨」と決めた。当初は金銀どちらの本位制か明確でなく、良質なメキシコ銀が世界で流通しており、日本もそれに倣《なら》って事実上、銀本位制をとった。

その後、銀の産出量が増え価格変動が激しくなり、欧米先進国ではドイツを皮切りに英、米、ロシアが順次、銀本位制から金本位制へ移行していった。

政府は「貨幣制度調査会」を設けて急いで方向性を議論した。正金頭取を退任した原は委員には入っていないが、意見を求められた。「金は高価なために流通せず銀の方が広く使われ貿易などに優位」と具申し、実業界でも同調する声があったが、当時の第2次松方内閣は金本位制の採用を決める。

97年春に貨幣法（金本位制）が公布されるが、その直前に原は時事新報や中外商業新報に銀本位制維持の意見を発表した。松方と原の関係を知る政財界関係者は異例のことと受け止めた。原は独自の視点を持っていた。政府が欧米志向なのに対して、経済振興のためアジアを重要視した。銀本位だった当時の清国を中心にまずは貿易の活性化を図る——という考え方だ。欧米で経済を学んだ原だが、決して欧米一辺倒の思考でなかったことは興味深い。金本位制に移行した翌年、東洋経済新報（現・週刊東洋経済）に「先づ利用すべきは志那の資本」（原文のまま）と題して寄稿している。その後も毎年のように同新報の取材に応じ、「起業界所感（一）」「同所感（二）」「起業界の現況」など金本位制を危惧する所信を述べている。信念を貫く原の性格が出ている。

❖独自に理化学研究所の構想

引退する数年前、残されたエネルギーをすべて投入するかのように、原は壮大なプロジェクトを構想する。理学や化学の基礎研究機関「理化学研究所（理研）」の創設である。

大正の初め、化学者の高峰譲吉が国民科学研究所を提唱したのがきっかけといわれる。高峰は米国で工学や薬学を学び黒部川の電源開発事業で知られる。

明治以来、欧米諸国をならって産業の振興が進められたが、化学工業は基礎研究の機関がなく大きく遅れ、化学製品はドイツなどからの輸入に頼っていた。1914（大正3）年に第1次世界大戦が起きると輸入が滞り、医薬品不足など深刻な影響が出て、農商務省は化学工業振興の調査を急ぐ。

同じような思いを持っていた原は慶応義塾で医学、理化学部新設（当時）の話を聞き、一時、100万円の寄付を検討している。一方、独自の物理学や化学の研究機関をつくった方が良いのかとも考えて、16年に東京帝大の山川健次郎総長を訪ね、相談した。話を聞いた山川は、寄付してもらえるなら財団法人などをつくり大学で研究できるのでありがたいが、国に寄付する方が安全かもしれないと自身の考えを述べた上で、研究機関を設立した場合の寄付金運用条件などを9月15日付書面で回答している。

❖渋沢らの理化学研究所案に協力

そのころ、渋沢は山川総長とは別に桜井錠二帝大理学部教授と同様の計画を話していた。農商務省の2回目の調査で理化学研究所の設立が望ましいとの結論が出たことから、国の調査委員に渋沢、山川帝大総長らを加えて公益法人の設立が申請され、16年度の国庫補助（25万円）が決まった。同時に民間から寄付金を募集したが、なかなか理解が得られず難航し、発足が危うくなった。発足できないと国庫補助が消えて実現が遠のく。

たまたま観菊会で出会った桜井教授らから支援協力を求められた原は娘婿の邦造と相談し、

国が発表した理化学研究所が資金不足で中断するのは好ましくないとの結論となった。すぐに「考えは全く同じ」と桜井教授らに手紙を送り、援助を約束した。自らの研究所設立のため考えていた資金を寄付に回すことを決意した。

その年秋に発足した寺内内閣は、有力者を集めて開いた理化学研究所の設立協議会で早期発足をあらためて要請し、支援を求めた。当座２００万円の資金を要した。招待客約80人のうち、原も含めて36人が出席し、寄付総額は１９０万円余集まった。

❖個人では破格の寄付、どよめきの声

ちなみに寄付額は三井、三菱財閥が各50万円、原は30万円、古河財閥10万円、あとは５～1万円で、渋沢は３万円だった。30万円は今の価値でいうと60億円ほどか。個人としては突出した額である。協議会で渋沢の横に座る原に、どよめきの声が上がった。さらに、設立しても当座の資金が足りないことを知った原は、５年分割払いの予定を即時に10万円、あと2年ですべて支払うと約束する。

原は晩年の社会還元として、農林学校の設立を考えていた。鳥取出身で初の文部大臣となった北垣国道の友人、奥田義人が１６年に熱海に静養に来たとき、但馬に農林学校を設立しては

どうかと勧められた。終《つい》の棲家《すみか》と決めていた「観海楼」を売却して理研と農林学校の二つの計画を考えたが、買い手がすぐに見つからず、どちらか選ぶしかなかった。悩み抜いた末、理研設立の支援を決断した。理研に対する原の熱い思いがうかがえる。

一方で、奥田には朝来に模範林を植えることを約束した。その山林を生かして農林学校は次代に託そうと思った。のちに原が佐中の進藤家の山林1500町歩を買い取ったのは、このときの約束が頭にあったからだ。

❖1917年、理化学研究所が発足

公益法人「理化学研究所」は1917（大正6）年、正式に発足した。アジア初の基礎科学研究機関である。設立協議会総代だった渋沢は副総裁に、同じく評議員だった原は監事に選ばれた。初代所長は菊池大麓。原とロンドンから一緒に帰国した数学の秀才だ。

開設後の理研は主任研究員と帝大教授の兼任が認められ、物理学や化学だけでなく、工学、生物学、医科学など幅広い分野の研究を行う。マグネシウムやゴム、合成酒、飛行機の部品など次々と開発、製品化した。なかでも「理研ビタミン」の製造販売は市民の人気を集めた。最盛期は200近い会社や工場を傘下に持ち、「理研コンツェルン」と呼ばれ、15大派閥の一つに数えられた。のちに日本人初のノーベル賞を受賞する湯川秀樹や同じくノーベル賞の朝永振一郎ら若き優秀な科学者は理研で研究に没頭した。

余談だが、渋沢と桜井は、全面協力してくれた原の思いを尊重して新設の理化学研究所内に「観海研究館」を用意すると伝えてきた――と自伝にあるが、渋沢の自伝『青淵回顧録』では、理研に関して原のことは破格の寄付の話も含めてまったく登場しない。

原の自伝には、理化学研究所が発足した後の7月、私立「花菱理化学研究所」（花菱は実家、進藤家の家紋）を設立したと記されているが、具体的な活動歴の記述はない。渋沢らの「約束」は実現せず、何もできなくても「理研」に対する自らの思いを残したかったのか。

❖原と渋沢の生き方、波瀾万丈の志士と幕臣

原と渋沢はどんな関係だったのか。あらためて、実業家に至る互いの歩みをたどってみる。

2人とも志士を志したと自伝に書かれている。原はたしかに波瀾万丈の志士だった。が、渋沢はちょっと違う。

渋沢は武蔵国（埼玉県）の深谷市血洗島の出身。武蔵というより上州に近い。豪農の長男で両親に恵まれた。自伝では、幕末に地元の高崎城を攻撃し、横浜の居留地を焼き払って外国人

を殺害するという物騒な攘夷計画を立てたが、親類に説得され、思いとどまったという。

一方、計画仲間の親類は積極的な行動に出る。京都に上って渋沢とともに将軍慶喜の知遇を得た従兄の渋沢喜作（通称成一郎、のち東京株式取引所社長）は鳥羽伏見の戦いに参戦し、上野の彰義隊の頭取となり、五稜郭の戦いで官軍に投獄される。

最初の妻の兄、尾高新五郎は「飯能（埼玉県）の戦い」に幕軍で参加し、ともに行動した義弟は自決した。新五郎とは、のちに栄一が富岡製糸場の工場長に推挙した尾高惇忠である。親戚仲間は幕府軍として参戦したが、攘夷襲撃計画を立案した栄一だけが官軍にも幕軍にも加わらなかった。

慶喜の幕臣となった渋沢は1867（慶応3）年2月、慶喜の異母弟、昭武のパリ万博・使節団の随行を命じられ、渡仏する。昭武は数え14歳の少年である。慶喜はそのまま留学させるつもりだったが、同年秋の「大政奉還」のため、渋沢は昭武とともに2年足らずで戻ってくる。帰国後は蟄居した慶喜に伴い駿河（静岡）に身を寄せるが、すぐに新政府に招かれ東京に移り、民部省、大蔵省に勤めて大隈重信、井上馨、伊藤博文らの知遇を得る。井上の引きで最後は大蔵省少輔に抜擢された。

当時の役所の官職は卿（大臣）、大輔（次官）、少輔《しょうゆう》、局長、頭、大丞《だいじょう》、少丞、組頭——と続く。大輔から上は薩長土肥など有力藩の人間しか就けなかった。少輔は民間人では最高のポストだった。

❖財界巨頭の渋沢、評価を高めていく原

「日本の資本主義の父」と渋沢が評価されるのは、渡仏時代に資本主義の考え方を知り、「合本主義（株式会社制）」を掲げて多くの株主が参加する会社の設立をいち早く提唱したからだ。その数は王子抄紙会社（現・王子ホールディング）をはじめ５００社を超えるといわれ、現在も続く名門企業が少なくない。それだけでなく銀行協会や東京商工会議所、東京証券取引所といった資本主義経済を取りまとめる団体設立に貢献しており、名実とも財界の大立者である。

渋沢は今風にいうと「人たらし」である。人をひき付ける、あるいは人を抱き込む。そんな話術の才が多くの企業人を周囲に呼び寄せたのだろう。原と渋沢はともに天保生まれの財界５人衆に挙げられ、原は明治中期にかけて渋沢を追いかけるように実業家としての評価を高めていく。

ただ銀行業に限ってみると、経営手腕や先見性ではあきらかに原が一歩先んじている。

大蔵少輔を辞めた渋沢は１８７３（明治６）年に日本初の銀行、第一国立銀行設立を主導し

て華々しいデビューを飾った。当時、大手両替商の三井組と小野組（京都）に参加（出資金各100万円）させて開業したもので、両組の当主が頭取、三井の大番頭三野村利左衛門が支配人、渋沢は総監となった。実態は、実務に詳しい三野村が仕切った。「銀行」という名称も、渋沢はバンクを「金行」と訳そうとしたが、三野村が「交換所には銀も含まれる」と主張して「銀行」になったといわれる。

三野村は三井組で独自に銀行を設立したかった。2年前に新政府に銀行設立を出願し、翌年に日本橋に5階建ての洋館「海運橋三井ハウス」を建築して準備していた。しかし三井、小野組とも政府から公金取り扱いの特権を受けており、大蔵省（渋沢）の意向には逆らえなかった。

第一国立銀は設立直後に出資者の小野組が破綻し、経営危機に直面した。小野組には出資額を上回る140万円近い融資をしていた。担保も十分にとっていない。ちなみに三井組は無担保融資だった。銀行論を学んだ原が知れば、びっくりするだろう。

渋沢は駿河滞在時からの知り合いで、小野組に居た古河市兵衛（のち古河財閥）に助けられて財物を押さえて減損せずに済み、なんとか窮地を脱した。渋沢はのちに古河が鉱山開発をして財閥を築く際に支援している。

この経営危機をきっかけに三野村は第一国立銀の業務から手を引き、1876年に初の私立銀行である三井銀行を設立する。

渋沢はその後、９２年に東京貯蓄銀行の設立に関わり、会長となる。ほかにも多くの銀行設立の相談に乗ったり株主になったりしているが、経営には直接、関わっていない。

❖ 4つの銀行トップ、抜きん出た原の経営能力

一方の原は、米英6年間の留学で経済学や「銀行論」を学んでおり実務に詳しい。帰国翌年の１８７８年、無名のまま第百国立銀の頭取となり、日本の銀行で初めて駐米領事館を介して輸出の荷為替業務を取り入れて注目を集める。

2年後には時代を先取りした「東京貯蔵銀行」を設立した。まだ市民に貯蓄という考え方が根付いていない時代である。明治政府が「貯蓄銀行条例」を制定するのは10年後である。貯蓄銀行の発想はのちの郵便貯金につながっていく。金融界の歴史に残る足跡だ。渋沢の東京「貯蓄」銀は条例のさらに2年後であり、原の二番煎じといっていい。

そして経営危機の横浜正金銀を頭取2年目で再建、産業界向けの帝国商業銀の会長も務め、実業家の名声を得る。原の銀行経営は抜きん出ている。

以降、日本の近代化へ向けて、２人は鉄道や電力などさまざまな分野で事業創設、会社設立

に関わっていく。設立発起人としてともに名前を連ねることも多くなり、原の自伝にはよく渋沢の名前が出てくるが、渋沢の著作や回顧録などには原の名前はほとんど出てこない。

そもそも2人はいつ出会ったのか。原は帰国直後は富岡製糸場の払い下げに奔走する。渋沢が設立に深く関わった官営工場だが、払い下げに関して両人が接触した記録は見当たらない。ロンドンから帰る際に原は井上馨から関係者にあてた何通かの手紙を預かった。益田孝あての手紙はあり留守宅に届けたが、渋沢あての手紙は記録にない。井上が帰国したころには原は銀行経営で多忙となり、富岡製糸場払い下げの件は立ち消えの状態で、接触の機会がない。

❖「擇善会」で内紛

むろん、原が銀行に関わるようになってからは何度も顔を合わせていただろうが、お互いが意識する機会は、渋沢が1877年に提唱した「擇善会」ではなかったか。

「擇善会」とは、国立銀行条例が改正されて各地に新銀行が増え始めたため、論語の「擇《えら》(択)んで善に居《お》らずんば…」の言葉から渋沢が命名した。公益を大事にしようとの願いを込めた銀行家の親睦団体である。現在の銀行協会の前身にあたる。

第百国立銀は開業直後に入会している。頭取の原は入会翌年の1879(明治12)年の正月、築地で開かれた第19回擇善会で司会を務めた。その席で欧米を例に経済情報誌の必要性を訴え、満場一致で機関誌「理財新報」の発行が決まる。のちに大蔵省が発行していた銀行雑誌と合併し、大正期まで続く「東京経済雑誌」に継承される。当然、渋沢は会場で原の発言を聴いている。

擇善会は加盟銀行が30行ほどに増えた８０年ごろ、会員で意見の食い違いが表面化する。西南の役が終わり、不換紙幣を兌換紙幣に入れ替えて通貨価値の安定を図ろうという主張と当時、財政上の実権を握っていた大隈重信参議（翌年に政変で失脚）との間に摩擦が生じ、大隈の怒りを買う。

❖「擇善会」から「東京銀行集会所」に

また当時、不況で公債証書の価格が下落して銀行経営に厳しさが増し、打開策が求められていた。意見の相違から、幹事銀行である第一、第十五、三井の3行を除く加盟銀行は会の中に別に「銀行懇親会」をつくって改組を求める。「内紛」である。同年8月の臨時総会で「擇善会」は解散と決まり、新組織は「東京銀行集会所」となる。渋沢はしばらく代表から外れた。

幹事行の一つ、第十五国立銀は岩倉具視が呼びかけた「華族銀行」だ。資本金は１７８２万円、国立銀全体資本の47％を占めるメガバンクである。第一と三井銀を合わせた幹事3銀行は当時の日本の有力行ばかりだった。

新しい東京銀行集会所の創立委員には第三（安田銀行の前身）、第六（のち安田銀に合併）、第二十（旧宇和島藩一族）、第三十三（設立14年で破綻）、そして第百国立銀の5行が選ばれた。どちらかといえば、国立銀の中で中堅組である。事務所は第百国立銀本店内に置かれ、原がリーダーシップを取る。公債価格維持のため大蔵省へ資金融通を請願したり、加盟行同士の為替決済を始めたりした。

❖ 名称めぐるやり取り

東京銀行集会所に関して、原と渋沢が言葉を交わす場面が自伝に登場する。

原は横浜正金銀の頭取に就任した翌年の1884（明治17）年2月16日、日銀株主総会に株主として出席した。その際に同じく株主の渋沢栄一、横浜の実業家原善三郎と茂木惣兵衛、武器商人で政治家の山中隣之助らと出会った。

総会が始まる前、渋沢が寄って来た。「正金も東京銀行集会所に入ってくれ」と言われる。原は「入るのは構わないが、東京銀行集会所はその名のごとく東京の銀行の集会所だから横浜正金銀行が加入するのは穏当ではない。名称を京浜銀行集会所とでも改めて、名実とも叶うようにしていただきたい」と答える。

渋沢の横で山中が慌てて割って入る。「さような名目論は後回しにして、とにかく入ってほしい」「ならば了承するが、少なくとも貴君ら委員だけでもとりあえず改称を承諾してほしい」。やり取りを聞いていた善三郎はうなずく。渋沢はきっとムッとしていたに違いない。

理屈は原のいう通りだが、少し大人げない気もする。その背景には擇善会での意見の対立があったのだろう。

「東京銀行集会所」はその年、すぐに「銀行集会所」に名称変更される。ただ1890年には再び「東京銀行集会所」に戻る。その年に原が正金頭取を辞任したからだ。これもまた大人げない。

❖幾つかの「しこり」

そんな「しこり」のせいかもしれない。名称をめぐる一件から3年後の1887年、原ら横浜の実業家らが横浜船渠会社の設立準備を進めていたころ、渋沢から神奈川県知事の沖守固に手紙が届く。「東京で同じような計画があり、共同で進めないか」との内容である。

銀行集会所でいつも顔を合わしているのに、なぜ原へ直接言わずに、沖へ手紙を出したのか。

原と沖は旧鳥取藩時代から懇意なのですぐ話は伝わる。このとき原は仲間の意見を求め、渋沢の代理人が来訪した際も粛々と話を聞き、利があると判断して共同で設立計画を進める。翌年に原は善三郎とともに第一銀に渋沢を訪ね、創立委員の構成など話を詰めている。

日記には自分を飛ばして知事に話を持ち掛けたことについて、けっして批判めいた言葉は残していない。

横浜船渠の設立をめぐる手紙問題の最中に、さらに原の「気障り」なことが起きる。88年、新島襄の同志社大学設立資金を助けるための会合で、原と渋沢は集まったメンバーの中で最高額を寄付した。その際、新島は寄付金の取り扱いを渋沢に任せた。当然、第一銀扱いになる。もちろん新島に何か意図があったわけではないだろうが、名バンカーの評価を受けている原にとっては面白くないだろう。

❖よく似た実業家ゆえの「反発」があったのか

原の寄付分は第一銀扱いにはせず、寄付額の利息分を新島が毎年受け取るようにした。利息が良いのでその方が得だ――と原は説明したが、資金集めに躍起の新島は困った。渋沢に相談したが、らちが明かない。新島に意地悪をするつもりはなく、最後は原が折れてことなきを得た。同志社大学設立後、原は学生寮を寄贈していることからも、新島に悪気を抱いていないことは確かである。

まだある。原が欧州旅行からの帰りにインドに立ち寄って日印貿易の端緒を切り開いたが、このことは渋沢から下調べを頼まれたため――と自伝にある。しかし渋沢の回顧録などには１９０３年に大隈と日印協会の設立に携わったことは記しているが、日印貿易の道筋をつけた原のことは何も記述がない。

これらの「出来事」が理化学研究所の一件につながって見えてしまう。よく似た実業家人生だけに、磁石のようにぴったり結びつく一方で向きが逆になると反発しあう、ということなのか。

同志社大学原学寮（◆）

Ⅶ 大河のような人生

1916(大正5)年、御殿山から熱海の別邸に移り住む。原の雅号「観海」から、別邸も「観海楼」と称した。

その年の10月14日、「生野の義挙」の地に建立された山口護国神社(朝来市山口町)で記念碑の落成式が行われた。原らが中心になってつくった。ともに参列するのを楽しみにしていた北垣国道男爵は年の初めに亡くなった。享年81。義挙を知る仲間はもうだれもいなくなった。原はぽつんと独り臨席した。

「観海楼」は現在の熱海市役所付近にあったが、火事に遭い、3年後に近くの清水田(現・熱海市清水町)に建て直した。別荘は他にも群馬・伊香保、栃木・那須塩原などにもあった。伊香保は岳父の土倉庄三郎が御料局(宮内庁)から広大な山林の保護を任された地である。その土倉も17年に78歳で世を去った。那須は松方伯の別宅がある地だったが、原は熱海が好きで終生の棲家とした。

❖横浜正金の取締役退任、在任37年間

１９１９（大正８）年春、実業家・原六郎の原点である横浜正金銀行の取締役を退く。頭取の７年を含めて在任は37年間に及んだ。翌年に家督を邦造に譲り、ようやく引退する。

高齢となり、夏は涼しい塩原で、冬は暖かい熱海で過ごすようになった。関東大震災時は塩原におり、難を逃れた。

縁のあった地にはできるだけ恩返しをした。１８年に予定していた喜寿祝いの園遊会は取りやめて、その費用2万円を品川の３つの小学校の維持に役立ててほしいと贈った。引退して大勢の人を招く会はもう要らないだろうと考えた。

私立帝国小学校や帝国幼稚園の建設を支援した。同郷の氷上郡竹田村（現・丹波市）出身で、

1919 年 11 月、胸像を贈られた際の家族写真（◆）

子どもの個性を伸ばすことを大切にした教育者西山哲治が開校を目指していたもので、その考え方に共感したからだ。

那須では塩原小学校に寄付をし、そして故郷の朝来では山口小学校講堂建設に3万円（現在の6億円相当）を寄贈した。山口小学校の講堂はのちに取り壊されたが、最近になって建築時の詳細な図面が見つかり、話題となっている。

関東大震災の前後から日記が途絶えがちとなり、富子と聖書を読むことが日課となった。『聖書之研究』で知られるキリスト教学者の内田鑑三が東京の教会で開く講演を夫婦でときどき聴きに行く姿が見られている。内田は熱海にもよく来てくれた。

国のためすてしいのちをはからすもたもつは夢のここちこそすれ（1918年、喜寿の句）

富子と出会ってから人生が変わった気がする。いつもそばに居てくれ、心安らかに過ごせるようになった。米国留学時に「いうにいわれぬ美しいものがある」と感じたクリスチャンの米国人家庭を思い出した。

❖80歳でクリスチャンの洗礼

1922（大正11）年正月3日、原は熱海の別邸で洗礼を受ける。当年80歳である。

この年、唯一役員を続けていた帝国ホテルの取締役を退く。翌23年、三女美與子が結婚する。次の年、再び具合が悪くなり2カ月入院する。

28年。四女多津子が結婚する。子どもはすべてかたづいた。もう御殿山に行く機会もなかろう。そう思った原は知人から勧められたこともあり、以前に近江の園城寺から引き取った書院「日光院」（御殿山では慶長館と呼んでいた）を東京・音羽の護国寺に寄進、移築する。大隈重信（1922年没）の菩提寺である。護国寺で「月光院」と命名された建物は1931年、国宝（戦後の文化財新法で重要文化財）の指定を受ける。

昭和3年5月、妻の富子と（◆）

世俗から離れ、穏やかな日々が続く。原の好きな白い花を富子はよく活けてくれる。だが、その平穏の日々に合わせて衰えも進む。富子は知り合いの牧師をたびたび招く。あるとき、同志社時代に教えを受けた牧師・金森通倫の著書を見つけ、来訪を求める。

金森は同志社で神学を学び、新島襄に洗礼を受ける。同志社神学校長を務めた。富子の願いを快く引き受ける。泊りがけで原宅を訪れて聖書を読み聞かせ、ともに祈りを捧げた。

❖享年92、大河のような人生終える

1933（昭和8）年11月14日午前1時10分。容体急変の報を受けて前々日から熱海の別邸を訪れていた娘婿の邦造一家ら親族に見守られ、富子が枕元で祈りを捧げる中、静かに息を引き取った。享年92。

葬儀で金森通倫は次のような追悼（抜粋）を述べている。


「故原六郎翁の生涯を見て、ちょうど大河の流れを見るような気がします。そもそも川はその源を深山幽谷に発し、最初は山間を流れ、時には岩石に当たって水煙をあげ、あるいは懸崖を越して滝をなすなど種々雑多な芸当を演じ、広原に出れば大河となりて耕運の助けをなし、川口に達すると流れは静かになり、終いに大海に注ぎ入る。

六郎大人《だいじん》もその源を山深き但馬の奥に発し、流れ出るやたちまち維新革命の渦中に投じ、勤王倒幕の志士となり東奔西走、（略）最初は武人として活躍し、いよいよ明治の御世となりては身を実業界において、新日本財界の大立者となられました。功成り名を遂げたあとは悠然と身を引かれ、初めてお会いしたときは奥ゆかしさを感じました。7年間お仕えして、17歳で父を亡くした身として、再び父を見い出したような気がします」

富子は24年後に88歳で原のもとに旅立った。東京都府中市の多磨霊園で仲良く眠っている。

原が眠る多磨霊園の墓

エピローグ

神戸港の沖合、ポートアイランドにある神戸空港は、２００６年に開港してようやく国際化が認められた。２５年には広く世界とつながる日が来る。

空港に面して海が望めるポーアイの先端部に、世界に誇るスーパーコンピューター「富岳」の計算科学研究センターがある。戦後、ＧＨＱの財閥指定で解散させられた「理化学研究所」が国立研究開発法人として再発足し、設立した研究機関だ。但馬に隣接する西播磨の「スプリング８」放射光化学研究センターも同様に「理研」の基幹施設の一つである。いずれも、いま日本の最先端科学技術センターと位置付けられている。組織の名称は昔と同じで、各分野の基礎・応用研究の発展を目指す理念も変わらない。

但馬の奥深くから大河の流れのような人生を送った原は、理研に大海原の未来を予感していたのだろうか。

原が生涯をかけて設立に携わった企業は100社を超える。数の上では渋沢には及ばないが、大半は社会インフラ整備に関わるもので、自らの企業をつくって大きくする考えはなかった。出資で得た利益は社会が求める事業の創設に還元する。いわば、黎明期の日本を近代化に導いた産業の名プロデューサーであり、「公益志向」の財界人だった。

原と渋沢はともに享年92。よく似た人生を歩み、奇しくも同い年で世を去った。経済界の功績とは関係ないが、私生活で渋沢は「艶福家」で知られた。その様は小説にも描かれ、本人も認めている。婚外子が何十人いるのか、だれもはっきり分からない。明治と現代を同列に批評はできないが、原とは好対照である。

◇

「論語」好き、開放的で楽天家。男爵から子爵に栄進した渋沢。

弁明することを好まず。80歳でクリスチャンの洗礼を受けた原。

あれだけ多方面の事業立ち上げに関わり社会に大きな足跡を残したが、政府から打診を受けても爵位は頑なに辞退し続けた。自らの名前を冠した会社は一つもない。もちろん故人を顕彰する組織や団体もない。まさに「無冠」の原六郎だが、但馬・朝来が生んだ稀代の実業家であったことだけは間違いない。渋沢と並び立つ、いや渋沢を超える存在かもしれない。

多磨霊園に設置された銅像

❖原 六郎が関わった主な企業・団体

▽第百国立銀行、東京貯蔵銀行、横浜正金銀行、帝国商業銀行、日本興業銀行、勧業銀行、台湾銀行

▽日本鉄道、北海道炭鉱鉄道、函樽鉄道、北海道鉄道、関東鉄道、東武鉄道、総武鉄道、東上鉄道、関西鉄道、山陽鉄道、播但鉄道、九州鉄道、勢州鉄道、陰陽鉄道、南和鉄道、阪鶴鉄道、北越鉄道、阪神電気鉄道、京阪電気鉄道、金邊鉄道、富士鉄道、駿甲鉄道、船越鉄道、豊州鉄道、筑豊鉄道、濱崎鉄道、京仁鉄道（韓国）、台湾鉄道

▽東京電燈会社、猪苗代水力発電会社、帝国ホテル、汽車製造会社、富士製紙、富士紡績、朝鮮紡績会社、横浜船渠、横浜水道会社、横浜生糸合名会社、生糸直輸入合資会社、太平洋貿易商会、身元保証人会社、傳話会社

▽東洋汽船、湖南汽船、兵庫運河会社、台湾製糖会社

▽能美鉱業所、遊泉寺鉱山、九州炭坑事業（大任炭坑、仲津原炭坑、豊前採炭会社、白水炭坑、宜城採炭、八女金山、大口金山）、若松築港会社

▽植林事業（佐中～神子畑の植林、伊香保の山林保全）、日本土地山林会社、

品川白煉瓦合資会社
▽同志社大学、日本女子大学、横浜商業学校、東京女学館、早稲田大学、専修学校、帝国小学校、帝国幼稚園、品川小学校、塩原小学校、山口小学校講堂
▽人力社、在英人会、商況社、中外商業新報、自治研究会、有楽会、理化学研究所
▽明治神宮奉賛会、日英博覧会、慈恵会、恩賜財団法人済生会、社団法人日本工業倶楽部、財団法人青谿書院、山口護国神社

原 六郎年譜

西暦（和暦）	原六郎の動き	関連事項
1842（天保13）	旧暦11月9日（12月10日）但馬国佐中村（朝来市）で生まれる。本名・進藤俊三郎長政。22代進藤丈右衛門長廣の6男、10人兄姉の末っ子	
1843（天保14）		豊岡藩が津居山に砲台、農兵隊組織を検討
1847（弘化4）	佐中の深高寺住職難波日運に素読を教わる？	9月孝明天皇即位
1853（嘉永6）	**12歳** 2月、母死去（53歳）、25歳年上の長女トセが母親代わり	家慶没。ペルー浦賀来航 日米和親条約
1855（安政2）	池田草庵の「青谿書院」（養父市宿南）に入門、北垣晋太郎（国道）に出会う	兄の二男三平が北村家（北垣の叔父）養子に
1858（安政5）	北垣晋太郎、俊三郎、西村哲二郎の3人「青谿書院」脱会。北垣は破門	家定没、家茂将軍。日米修好通商条約
1859（安政6）	（前年、米など修好通商条約が「勅許無し」と分かり、孝明天皇は条約破棄求める）	函館、横浜、長崎開港 安政の大獄
1860（万延元）	攘夷の動き高まる	桜田門外の変（井伊大老暗殺）。斉昭没
1861（文久元）		薩摩藩士、米人殺害。和宮降嫁。米国南北戦争始まる

1862（文久2）	**20歳** 北垣らと農兵組織を計画（幕府は翌年、伊豆韮山の農兵制認める）	生麦事件。薩英戦争
1863（文久3）	10月12日「生野の義挙」失敗、俊三郎ら3人逃れる。「原六郎」と改名	「大和の変」、京都の政変。英国公使館焼討ち
1864（元治元）	京・江戸へ、千葉道場の潜伏先で坂本龍馬と出会う。河田佐久馬を頼り大山、備前へ	長州戦争。平野國臣獄死
1865（慶応元）	高杉晋作の紹介で長州藩守備隊に入る	第2次長州戦争。米国南北戦争終結
1866（慶応2）	小倉口で戦う。幕軍敗北。西村哲二郎自死。長州戦争休戦、薩長同盟へ	家茂没、慶喜15代将軍。孝明天皇崩御
1867（慶応3）	三田尻の海軍学校で英語、明倫館で大村益次郎から洋式陸軍を学ぶ。長州去る	10月大政奉還、坂本龍馬暗殺。12月王政復古
1868（慶応4／明治元）	鳥取藩傘下の山国隊参加、上野の彰義隊の戦い、奥州征討。父丈右衛門に手紙	戊辰戦争。明治天皇、江戸は東京に。9月明治改元。生野銀山、日本初の政府直轄運営鉱山に
1869（明治2）	大村益次郎から親兵第3中隊隊長の命、五稜郭の戦い。鳥取藩士となる	版籍奉還。9月大村益次郎刺殺
1870（明治3）	第一回天覧閲兵式に鳥取藩軍の歩兵大隊司令官として参列	海外留学生派遣令（15藩）。普仏戦争
1871（明治4）	米留学（もう1人は池田徳潤）。父や長姉ら死去。ボストンで新島襄に会う。新政府と鳥取藩に留学生返上の手紙、徳潤も帰らず	廃藩置県（藩は留学生に帰国命令）。新貨条例。岩倉具視欧米使節団（107人）。

西暦（和暦）	原六郎の動き	関連事項
1871（明治4）		普仏戦争終結
1872（明治5）	**30歳**　留学生と「人力社」創る。ボストン・コンコルド居住。貨幣と紙幣交換でひと稼ぎ	富岡製糸場開業。国立銀行条例。東京・横浜鉄道開通
1873（明治6）	エール大に通う。コネチカット州ニューヘブン居住。第一国立銀など4行	三菱商会設立。岩倉使節団帰国。井上大蔵大輔辞任
1874（明治7）	私費で渡英。キングスカレッジ夜間部で「銀行論」学ぶ	3月佐賀の乱
1875（明治8）	「銀行論」聴講修了証。生糸直輸入で進藤兄と北村実造あて協力求む手紙	新島襄、同志社設立
1876（明治9）	欧州旅行。9月井上馨渡英、留学生と勉強会。富岡製糸場払下げ提案	初の私立三井銀行。国立銀行条例改正。中山道鉄道計画
1877（明治10）	6年ぶり帰国。35歳。富岡製糸場「営業概見」作成。銀座下南鍋町居住	益田孝三井物産社長。木戸孝允病死。西郷隆盛自決
1878（明治11）	第百国立銀行頭取に就任。「擇善会」入会。池田草庵死去	大久保利通暗殺。大阪株式取引所
1879（明治12）	第百銀、日本初海外輸出為替契約。擇善会に「理財新報」を提案。朝来初の太田垣製糸場創業	横浜正金銀行創立
1880（明治13）	東京貯蔵銀行設立し頭取に就任。第百銀本店内に銀行集会所（擇善会解体）	2月横浜正金銀開業。松方「財政管窺概略」。同伸社設立
1881（明治14）	鳥取八十二銀を第百銀鳥取支店に。松方正義、大蔵卿就任、正金改革指示。	政変、大隈重信解任。日本鉄道会社創立
1882（明治15）	**40歳**　東京電燈会社創立委員就任。横浜正金外為開始	日本銀行設立。共同運輸設立。

	も経営危機	日本鉄道着工
1883（明治16）	横浜正金第4代頭取に就任。第百銀頭取辞任。築地に転居	2月東京電燈社設立。横浜水道会社認可
1884（明治17）	正金銀行券発行計画、日銀反対で中止。勢州鉄道設立発起人に。横浜野毛に新邸。正金ロンドン支店開設	兌換銀行券条例。倫敦東洋銀行破綻。中山道鉄道公債発行
1885（明治18）	2年で正金の欠損解消。貨幣本位制に戻す。日本銀行券発行へ。神子畑鋳鉄橋完成	伊藤内閣発足。三菱と共同運輸が合併
1886（明治19）	正金と日銀対立再燃。東京貯蔵銀頭取辞任し総監に。神戸姫路鉄道設立発起人に。1月欧米旅行	中山道から東海道幹線鉄道計画へ変更
1887（明治20）	正金の資本金倍増。東京ホテル（帝国ホテル）、富士製紙の各設立発起人に。山陽鉄道が私鉄鉄道条例の適用第1号となる。九州鉄道会社創立願い。横浜・本牧に別荘	横浜正金銀行条例。吉原日銀総裁が急死
1888（明治21）	土倉富子と結婚、新島襄が司式。6月山陽鉄道着工。専修学校へ寄付。「自治研究会」会計方として参加	大隈重信復権（外相）。横浜大火
1889（明治22）	播但鉄道、横浜船渠、北海道鉄道の各設立発起人に。正金頭取を辞意。商況社が中外商業新報（現・日本経済新聞）を発行。横浜商業学校設立を支援。朝来初の殖産銀行。長女多喜子誕生	日銀総裁富田辞任、後任川田小一郎。帝国憲法公布。山縣内閣
1890（明治23）	3月正金頭取辞任、後任は園田孝吉。能美鉱業組合経営難。築地別邸に転居。新島襄の臨終に立会う。東京貯蔵銀を単独経営。11月帝国ホテル開業。日赤入院	第1回帝国議会総選挙。貯蓄銀行条例。若松築港会社設立。旧鳥取藩主池田輝知死去

西暦（和暦）	原六郎の動き	関連事項
1891（明治24）	兵庫選出の衆院議員11人を自邸へ招く。横浜船渠創立。3月山陽鉄道神戸—岡山開通。日本鉄道上野—青森全通。帝国ホテル理事に。第3回欧米旅行（兼新婚旅行）、帰途インドで綿花輸入交渉。早稲田大学昇格に寄付	濃尾大地震。松方内閣。大津事件
1892（明治25）	**50歳**　2月帰国。播但鉄道会社創立。共同倉庫設立発起人に。御殿山3万坪を西郷従道から買い取る、10月に横浜から移住。近江の園城寺（三井寺）・日光院客殿買取り移設（慶長館と称す）。横浜市水道事務所長	鉄道敷設法公布。第2次伊藤内閣
1893（明治26）	総武鉄道常議員に。南和、阪鶴各鉄道の各設立発起人に。太平洋貿易商会創立。貯蔵銀総監から監査役に。身元保証会社、横浜生糸合名会社の各設立発起人に。帝国ホテル、横浜船渠の各取締役就任。京都遷都千五百年祭協賛会	富岡製糸場、三井に払下げ。会社法　取引所法公布
1894（明治27）	帝国商業銀行会長に。島津家と共同で大任炭坑買取り（のち単独経営）。進藤製糸場創業（進藤長治経営）、生野銀行。6月山陽鉄道神戸—広島開通。東京電燈社長の推挙辞退。北越鉄道会社創立委員に。次女登世子誕生	日清戦争
1895（明治28）	8月播但鉄道飾磨—新井開通。総武鉄道社長の推挙辞退。函樽、東武鉄道の各設立発起人。関東鉄道会社創立委員長に。白水採炭会社創立委員、阪神、京阪各電	下関条約

	気鉄道、金邊、富士、駿甲鉄道の各設立発起人に。兵庫運河会社設立。生糸直輸合資会社設立発起人に。横浜野毛邸を木村利右衛門に譲渡。陰陽鉄道案を戒める	
1896（明治29）	富士紡績、汽車製造会社設立発起人に。汽車製造監査役就任。東洋汽船創立委員（のち取締役）に。富士紡績取締役の推挙辞退。船越鉄道取締役、日銀総裁、松方と財界救済策協議。豊前中津原、伊田炭坑各買収。菊地大麓らと在英人会設立。台湾鉄道創立委員に。御殿山新邸に転居。	勧業銀行法、農工銀行法公布 黒田臨時内閣、第2次松方内閣。金本位制。川田日銀総裁死去、後任岩崎弥之助
1897（明治30）	時事新報、中外商業新報に「銀本位制」の意見表明。岩崎日銀総裁を訪ね金融救治策を協議。日本女子大設立発起人に。北越鉄道取締役。南和鉄道監査役辞す。総武鉄道全通	貨幣法施行（金本位制）。再び恐慌。台湾銀行法
1898（明治31）	帝商銀が興業銀を合併、帝商銀会長辞任。中津炭坑開坑。汽車製造監査役辞任。第百銀営業満期記念として銅像贈られる。横浜野毛邸焼失。東洋経済新報「経済時事談」掲載	第3次伊藤内閣、大隈内閣、第2次山縣内閣
1899（明治32）	大任炭坑開坑。兵庫運河に出資、12月竣工。御殿山で人力社例会。阪鶴鉄道神崎—福知山全通	北越鉄道直江津—沼津開通
1900（明治33）	渋沢氏らと「有楽会」結成。日本興業銀行創立委員。九州鉄道取締役就任。品川白煉瓦合資会社責任社員。若松築港会社設立発起人に。生糸直輸会社解散。函樽	北清事変。第4次伊藤内閣 私設鉄道法公布。日本興業銀行法公布

西暦（和暦）	原六郎の動き	関連事項
1900（明治33）	鉄道を北海道鉄道に改称。台湾製糖設立発起人。伊田炭坑買収。このころから九州炭坑事業に力を注ぐ	
1901（明治34）	5月山陽鉄道神戸—下関全通。香春炭坑買収、遊泉寺鉱山売却。三女美與子誕生。東洋経済新報「先づ利用すべきは志那の資本」	国会議事堂焼失。西園寺臨時内閣、桂太郎内閣、井上、首班指名断念
1902（明治35）	**60歳** 日英同盟祝賀会発起人に。日本興業銀行成立。東洋経済新報「起業界所感（一）（二）」。伊香保百首。大磯に別邸	辛亥革命
1903（明治36）	4月大任炭坑火災。播但鉄道、山陽鉄道へ合併。東上鉄道、湖南汽船の各設立発起人に。東洋経済新報「起業界の現状」	
1904（明治37）	商況社解散。薩摩大口金山を買収。南和鉄道、近畿鉄道に合併。四女多津子誕生	日銀高橋是清総裁。英で戦時公債募集。日露戦争
1905（明治38）	明治の戦役の功で勲5等旭日章受章	日露ポーツマス条約
1906（明治39）	山陽鉄道、日本鉄道国有化。九州鉄道川崎—大任開通。「帝国鉄道協会」委員	西園寺内閣。鉄道国有化法公布
1907（明治40）	帝国ホテル、メトロポールHを合併。帝国ホテル取締役に再選。東武鉄道千住—足利全通。豊前採炭会社創立し取締役に。九州、北海道、北越の各鉄道国有化。慈恵会理事。兄進藤丈右衛門長厚没	恐慌
1908（明治41）	経営難の帝商銀整理を依頼されるが固辞。池田家評議	第2次桂内閣

	員。井上通泰と交流	
1909（明治42）	青谿書院財団法人化に寄付。豊前採炭会社経営難。長女多喜子、田中邦造と結婚。	維新顕彰の「彰明会」結成。伊藤博文暗殺
1910（明治43）	東洋汽船取締役辞す。日英博覧会に休白長信筆の「花下遊楽図屏風」出品（のち国宝）	幸徳秋水事件。韓国併合
1911（明治44）	猪苗代水力電気会社設立発起人のち取締役。東上鉄道取締役。神子畑の進藤家山林５００町歩を取得。恩賜財団済生会評議員。12月帝大病院入院（1か月半）。熱海に別荘	第2次西園寺内閣。電気事業法公布。清国滅亡
1912（明治45／大正元）	**70歳** 病気全快祝い。2月銀婚式内祝。富士製紙3代社長（6年間）。豊前採炭会社を解散。横浜船渠社長。汽車製造合資会社から株式会社に。11月病気、12月全快祝	第3次桂内閣。7月明治天皇崩御、大正天皇
1913（大正2）	家族同伴で城崎温泉など旅行。甲子殉難士50年記念祭列席。２７０首の句集『六郎集』出版。10月京都妙法院で七卿西竄（せいざん）50年記念会特別会員で列席	2月山本内閣。高峰譲吉、国民科学研究所提唱
1914（大正3）	富士製紙会社専務に窪田四郎迎える	第2次大隈内閣、第1次世界大戦
1915（大正4）	3月猪苗代水力電気会社完成。4月「理化学研究所」構想、具体化へ	東海道線の横浜駅開業、旧横浜駅は桜木町駅に
1916（大正5）	5月但馬会に出席。「観海楼」（熱海）に移住。「生野の義挙」記念碑落成に合わせ帰郷。1月北垣国道死去、享年81。上野精養軒で池田草庵記念会催す。理化学研	理化学研究所の国庫補助法公布。寺内内閣

西暦（和暦）	原六郎の動き	関連事項
1916（大正5）	究所設立に山川帝大総長の意見求む	
1917（大正6）	財団法人理研に個人で30万円寄付、監事に。朝鮮紡績会社設立発起人に。東上鉄道取締役辞す。池田家維新烈士50年祭に列席。自らも私立理化研「花菱理研」設立。社団法人日本工業倶楽部へ寄付。土倉庄三郎死去、享年78	ロシア革命
1918（大正7）	早稲田中学へ寄付。東京商工奨励館建設顧問就任。5月帰郷。横浜船渠社長辞任。富士製紙社長辞す	原内閣。米騒動
1919（大正8）	正金取締役を辞す、在任37年間。帰郷。熱海清水田（観海楼）に別邸。帝国森林会へ寄付。11月御殿山に東京貯蔵銀から胸像贈られる。兵庫運河会社、神戸市が買収	世界不況で各国に産業合理化運動
1920（大正9）	娘婿の原邦造に家督を譲り、第一線引退。故郷山口小学校に講堂寄贈。那須塩原別邸	3月株暴落。明治神宮造営工事。国際連盟
1921（大正10）	姫路の古寺の門を熱海別邸に。高砂信託会社監査役。那須・塩原に別邸。塩原小学校に寄付	内田臨時内閣、11月高橋是清内閣。安田善次郎、刺殺される
1922（大正11）	**80歳**　1月熱海の別邸で洗礼。夫婦で内村鑑三の講話を聴く。帝国ホテル取締役辞す（相談役）	加藤臨時内閣。日英同盟解消
1923（大正12）	那須塩原に滞在中に関東大震災。第百銀・東京貯蔵銀頭取の池田謙三死去。三女美與子結婚	猪苗代水力発電、東京電燈会社合併
1924（大正13）	4月入院、6月退院	清浦内閣。加藤内閣

1926（大正15／昭和元）	東洋汽船、日本郵船に合併	第1次若槻内閣
1927（昭和2）	第15国立銀（華族銀行）、金融恐慌で休業	鈴木商店破綻。台湾銀行休業
1928（昭和3）	御殿山「慶長館」（園城寺日光院）を護国寺に寄進（月光殿と改称）。四女多津子結婚	普通選挙
1929（昭和4）		世界恐慌。浜口内閣
1931（昭和6）	日本土地山林株式会社（原林業部が原点）設立。所有の「青磁下蕉花瓶」国宝指定	満州事変。犬養内閣。渋沢栄一死去
1932（昭和7）	**90歳** 日林、進藤家から1000町歩の山林買い取り	斎藤実内閣
1933（昭和8）	11月14日午前1時10分死去、享年92。多磨霊園に眠る	
1938（昭和13）	御殿山に原邦造、邸宅を建設、銀座服部時計店（和光堂）で知られる建築家渡辺仁氏が設計	
1957（昭和32）	富子、死去。88歳	百円硬貨発行。東京の人口世界一。岸内閣
1979（昭和54）	邦造氏私邸を原美術館として開設（2021年老朽化で閉鎖）。のちに群馬・渋川市の原ミュージアムに継承、特別室「観海庵」	

参考文献

・『原六郎翁伝』全3巻、原邦造編、昭和12年、非売品
・『日本の「創造力」近代・現代を開花させた470人』4巻、1972年、NHK出版
・『歴史ひろば10月号』2021年、兵庫歴史研究会（水谷文英代表）
・『朝来町史』全2巻、昭和52年、朝来町教育委員会
・『明治32年鉄道局年報』鉄道局監修
・『現代兵庫県人物史』田住豊四郎編、明治44年、県友社
・『家庭の模範・名流百家』明治38年、博文館、国立国会図書館デジタルコレクション
・『同志社人物誌40』仲村研著
・「原六郎と同志社」同志社談叢第5号、仲村研著、1985年
・「北垣国道と鳥取人脈」同志社大社会科学雑誌48巻4号、高久峯之介著、2019年
・渋沢社史データベース
・デジタル版「渋沢栄一伝記資料」著作者別資料リスト、渋沢栄一記念財団
・『渋沢栄一自伝／雨夜譚・青淵回顧録（抄）』渋沢栄一著、2020年、角川ソフィア文庫
・『実業家偉人伝』活動野史著、明治34年、四書房
・『危機突破力―渋沢栄一と明治の起業家たちに学ぶ』加来耕三著、2021年、日経BP
・『富豪の時代―実業エリートと近代日本』永谷健著、2007年、新曜社
・『回顧七十年』斎藤隆夫著、1987年、中公文庫

・『横浜正金銀行のあゆみ』同銀行関連資料
・「沖守固と原六郎」横浜開港資料館紀要第26号、高村直助著、平成20年
・『天保生まれ四人衆―北垣国道・渋沢栄一・原六郎・新島襄』太田垣幾也著、２０２３年
・『兵庫探検　続歴史風土編』１９７７年刊、神戸新聞社
・『雄気堂々』城山三郎著、１９７６年、新潮文庫
・『銀行協会20年史』昭和40年、社団法人東京銀行協会
・「観海と号した原六郎とそのコレクション」図録、児島薫著、原美術館
・『大衆明治史　上』（復刻版）菊池寛著、２０２３年、ダイレクト出版
・「勤王志士 西村敬蔵関係文書―清河・松陰・耕雲斎・北垣国道」西村敬蔵研究会、２０２４年、林久良

あとがき

「原六郎」を知るきっかけは2年前、友人で兵庫県在住の作家西村恭子さんから「但馬に偉い人がいたのよ」と教えてもらったことだった。１９３７（昭和12）年に発行された自伝『原六郎翁伝』（全3巻）を図書館で探して読み、その人生の歩みに驚いた。『翁伝』は、女婿の原邦造氏（１８８３―１９５８）が翁の膨大な日記や手紙、資料をもとにした自費出版だった。あらためて光を当てようと安易に考えたものの、全体像を知る資料は他に見当たらなかった。書き始めると無謀さに冷や汗が出た。よくぞ伝記を残してくれたと思う。

日記や雑記帳は明治8年ごろから関東大震災までの間、自身が参加した企業設立の経緯や活動、社会の動きを67冊に亘って詳細かつ克明に記してあり、政治と経済の関わり、日本産業発達の記録でもある。

文中に出てくる明治の元勲や関係者の発言は、おおむね『翁伝』に掲載されているものを採用した。筆者がさらに想像を膨らませ、分かりやすく現代風に加筆した部分がある。年代や時代背景など確認したつもりだが、誤記や誤解があればご容赦いただきたい。

また出版に際して、朝来市の「郷土の歴史・文化に親しむ会」（井上英俊会長）のみなさんにはたいへんお世話になった。資料集めを助けていただき、故郷の偉人である翁について語り続けるメンバーの熱意が執筆の大きな励みとなった。あらためてお礼を述べたい。あわせて兵庫の地域文化を広く紹介する「のじぎく文庫」に収録してくれた神戸新聞総合出版センターにも感謝申し上げる。

最後に六郎翁の足跡や原家について触れておく。邦造氏も日本航空会長や帝都高速度交通営団（現・東京メトロ）総裁、日銀政策委員などを歴任した財界人である。

邦造氏は１９３８年に御殿山にモダンな私邸を新築した。その後、邦造氏の孫で翁の曾孫にあたる原俊夫氏（３５年生まれ）が無人となっていた私邸を７９年に「原美術館」としてオープンした。俊夫氏は米プリンストン大学に留学してアートに魅せられ、美術館設立のため自ら美術財団までつくった。原美術館は日本の現代美術の拠点として広く知られたが、老朽化のため惜しまれながら２０２１年に閉館、取り壊された。

現在は、群馬県渋川市の観光牧場「伊香保グリーン牧場」に隣接して開設された、俊夫氏が理事長を務める公益財団法人アルカンシエール美術財団「原美術館ARC（アーク）」（口絵参照。青野和子館長）に統合された。館内に原六郎ゆかりの特別展示室「観海庵」を設け、翁が収集した美術品百数十点が所蔵されている。「原六郎コレクション」の中には国宝「青磁下蕪花瓶」や浮世絵美人図の先駆けといわれる重要文化財「縄暖簾図屏風」など貴重な美術品が散逸することなく残っている。

40ヘクタールの広大なグリーン牧場は、日本土地山林株式会社（東京・五反田）グループが管理運営しており、社長の原直道氏は俊夫氏の子息である。六郎翁は晩年、実家進藤家の山林1500町歩（1487ヘクタール）を買い取り、「原林業部」が植林を行っていた。これは翁の岳父で山林王だった土倉庄三郎の影響である。原林業部を継承して1931年に「日林」社が設立され、次代の森林育成を経営理念に掲げる企業として今日に至っている。朝来支店があることがその名残であるが、社名に「原」は付けられていない。直道社長は「原の名前をなぜ社名に付けなかったのか、進藤姓に戻らなかった理由など伝え聞いていていないし、今となってはまったく分からない」と話す。

歴史の中に姿を消した原六郎に会える場所がある。JR品川駅から徒歩15分、御殿山トラストシティ内に旧原邸の敷地の一部2千坪が「御殿山庭園」として一般市民に開放されている。その真ん中に翁の胸像が残っている。横浜正金銀行を退いた年に東京貯蔵銀行が創設者功労で贈ったものだ。昔のままの緑に囲まれながら、白い大理石姿の翁が品川の海あたりを懐かしそうに眺めている。

2024年9月

織戸　新

織戸　新（おりと・あらた）
1951年生まれ。神戸市出身。
関西大学法学部卒。74年神戸新聞社入社。淡路、明石総局、社会部で事件、行政担当記者。ブラジルで開催の地球サミット取材、東京支社編集部長を経て経営企画部門に。阪神・淡路大震災で全壊本社の再開発担当。2017年代表取締役専務退任。20年神戸新聞会館社長退任。

原《はら》 六郎《ろくろう》
渋沢栄一《しぶさわえいいち》と並《なら》び立《た》つ実業家《じつぎょうか》

2024年11月20日　初版第1刷発行

著　者　織戸《おりと》　新《あらた》
協　力　朝来地域自治協議会（大田垣強会長）
発行者　金元昌弘
発行所　神戸新聞総合出版センター
〒650-0044 神戸市中央区東川崎町1-5-7
TEL 078-362-7140 ／ FAX 078-361-7552
URL:https://kobe-yomitai.jp/
編　集　のじぎく文庫
印刷所　株式会社 神戸新聞総合印刷

乱丁・落丁本はお取替えいたします。

ISBN978-4-343-01245-6 C0021